¡A explorar!

LIBRO DEL ESTUDIANTE 1

KEIBA JOHN AND CLARE SHEPHARD

Series editor
Tracy Traynor

Series contributors and consultants
Samantha Broom, Marisha Charles-Alexis, Louise Fonceca, Sinda López Fuentes,
Symonette Hibbert, Keiba John, Chimene Moonsammy, Diana Carolina Neva Prieto,
Karen Peterson, René Young Romero, Clare Shephard, Catherine Stuart,
Tracy Traynor, Candida Williams

William Collins' dream of knowledge for all began with the publication of his first book in 1819.

A self-educated mill worker, he not only enriched millions of lives, but also founded a flourishing publishing house. Today, staying true to this spirit, Collins books are packed with inspiration, innovation and practical expertise. They place you at the centre of a world of possibility and give you exactly what you need to explore it.

Collins. Freedom to teach.

Published by Collins
An imprint of HarperCollins*Publishers*
The News Building
1 London Bridge Street
London
SE1 9GF

HarperCollins*Publishers*
Macken House, 39/40
Mayor Street Upper, Dublin 1,
D01 C9W8, Ireland

Browse the complete Collins catalogue at
www.collins.co.uk

www.collins.co.uk/caribbeanschools

10 9 8

ISBN 978-0-00-830147-7

British Library Cataloguing-in-Publication Data

A catalogue record for this publication is available from the British Library.

Authors: Keiba John and Clare Shephard
Reviewers and consultants: Diana Carolina Neva Prieto, Catherine Stuart, René Young Romero, Symonette Hibbert, Marisha Charles-Alexis
Series editor and content consultant: Tracy Traynor
Publisher: Elaine Higgleton
Commissioning editor: Lucy Cooper
Content editor: Holly Woolnough
Development editor: Sinda López Fuentes
Proofreader: Ana Cristina Llompart Lucas
Cover designer: Kevin Robbins and Gordon MacGilp
Cover photograph: PONOMARCHUK OLGA/Shutterstock
Typesetter: Ken Vail Graphic Design Ltd
Illustrators: Priyankar Gupta, QBS Learning and Ken Vail Graphic Design Ltd
Production controller: Lyndsey Rogers
Printed and bound in India by Replika Press Pvt. Ltd.

Contents

Contents map

	Vocabulary	Grammar
1 ¡Español para todos!		
1.1 ¿Quién habla español? ¡Yo!	greetings, giving name, languages, Spanish-speaking countries and nationalities of the Caribbean	present tense (singular) ser agreement of nationality adjectives present tense (singular) regular –ar verbs subject pronouns, numbers 1–10
1.2 ¿Por qué el español?	Spanish-speaking countries in the rest of the world, more nationalities	present tense (in full) ser present tense (in full) regular –ar verbs numbers 11–20
1.3 Amigos nuevos	introductions, more greetings, ask how someone is and respond	gender and number agreement demonstrative pronouns (este, etc.) informal and formal 'you'
1.4 Mi profesor dice …	simple classroom instructions, asking for help, the alphabet	instructions (plural) Spanish punctuation and accents
1.5 ¿Es difícil aprender español?	Key learning strategies	numbers 22–100 Spanish stress rules
Español en acción: La hispanidad – extended reading practice with cultural focus		
Otra vez: differentiated revision activities + *Ahora yo puedo:* self-assessment		
Palabras y frases – Unidad 1		
2 En nuestra casa		
2.1 Vivo con…	family members, jobs	present tense tener negative sentences possessive pronouns, gender endings, preposition a
2.2 ¡Tengo muchas mascotas!	pets, adjectives, colours	the indefinite article adjectival agreement
2.3 Me parezco a mi papá	giving physical descriptions, giving descriptions of character	position and agreement of adjectives with nouns definite article other agreements
2.4 Tiene quince años	talking about ages, months and dates, party language	cardinal numbers, dates present tense –er verbs review numbers 1–100
2.5 ¡Vivimos aquí!	locations and types of houses, personal details: address, phone number, email address	present tense –ir verbs telephone numbers
Español en acción: ¡A celebrar con la familia! – extended reading practice with cultural focus		
Otra vez: differentiated revision activities + *Ahora yo puedo:* self-assessment		
Palabras y frases – Unidad 2		
Repaso 1 (Unidades 1–2)		
3 La vida escolar		
3.1 ¿Está todo listo?	schoolbag items, uniform	present tense: llevar demonstrative adjectives possession with de
3.2 En mi colegio	places in a school, items in a classroom	prepositions estar for location
3.3 Me gustan los idiomas	school subjects, days of the week	me gusta/gustan (mucho) articles and days of the week
3.4 Mi horario	talking about the time, review of school subjects, opinion adjectives, preferences	stem-changing verbs agreement
3.5 Voy al club de judo	after-school activities, what people do after school	present tense: ir stem-changing verb: jugar jugar + al [a+el]
Español en acción: ¡Aprendemos mucho! – extended reading practice with cultural focus		
Otra vez: differentiated revision activities + *Ahora yo puedo:* self-assessment		
Palabras y frases – Unidad 3		

- Discover what Spanish I already know
- Say where Spanish is spoken
- Introduce myself

1.1 ¿Quién habla español? ¡Yo!

1 Escucha, busca y repite.
Listen, find and repeat.

3

animal

electrónico

foto   policía

insecto

correcto

persona

plástico

BOTELLA

elefante

hotel

PRODUCTO

DELICIOSO

música

fantástico

2 Túrnate con tu compañero/a.
Take turns with your partner.

¿Plástico?

Plastic!

¡Nota!
Some Spanish and English words look very similar. What patterns can you see to help you work out these words?
Check out the Pronunciation Guide on p. 199 to help you say these words in Spanish.

3 Escucha y lee. ¿Cómo se llaman? (1–2)
Listen and read. What are their names?

4

- ¡Hola!
- ¡Hola!
- Yo soy Aurelia. ¿Cómo te llamas?
- Me llamo Paula.

- ¡Chao, Alberto!
- ¡Adiós, Raúl! ¡Hasta mañana!

4 Habla con tu compañero/a.
Talk to your partner.

¡Hola! ¿Cómo te llamas?

Me llamo … ¡Hasta mañana!

5 Escribe una conversación con tu compañero/a y practícala.
Write a conversation with your partner and practise it.
- Greet each other
- Ask each other's names
- Say goodbye and see you tomorrow

6 **Escribe las palabras que faltan.**
Write the missing words.

me	hasta	soy
llamo	adiós	~~nombre~~

1 nombre

¡Hola, chicos! Soy Mari. Bueno, mi
(1) _____ es María del Carmen Pérez
Blanco pero me (2) _____ Mari.

● ¡Hola, Mari! Yo (3) ____ Alex y esta
es Beatriz.

● ¡Hola, Mari! (4) ____ llamo Beatriz pero mis
amigos me llaman 'Bibi'. Es mi apodo.
(5) ¡ _____ mañana, Mari!
(6) ¡____!

7 **Escucha y empareja los nombres con los apodos.**
Listen and match the names and nicknames.

1 b

1	Francisco	**a**	Chus
2	Soledad	**b**	Paco
3	Pedro	**c**	Loli
4	Dolores	**d**	Nacho
5	María Jesús	**e**	Rubia
6	Ignacio	**f**	no nickname

8 **Escucha y busca.**
Listen and find.

Venezuela

Colombia

Costa Rica

Panamá

Nicaragua

Guatemala

Honduras

Cuba

La República Dominicana

El Salvador

México

9 **Escucha y empareja.**
Listen and match.

1 uno

	dos	seis	tres	diez	siete	once

1	2	3	4	5	6	7	8	9	10	11

	nueve	uno	cinco	ocho	cuatro

1.1 ¿Quién habla español? ¡Yo!

10 Escucha, lee y repite.
8
Listen, read and repeat.

En Venezuela, Colombia, Costa Rica y Panamá, se habla español.

11 Escribe un rap. Trabaja en grupo y preséntalo a la clase.
Write a rap. Work in groups and perform it to the class.

Se habla español

En México y Panamá.

Se habla español

¡Allá! ...

12 Lee las conversaciones. Lee las frases y escribe V (verdadero) o F (falso).
Read the conversations. Read the sentences and write V (true) or F (false).

Hola, Soy Paco.
Soy venezolano.

Buenas tardes. Me llamo
Aniela. Soy panameña.

Buenos días. Soy Graciela
y soy cubana.

Hola, mi nombre es Fernando y esta
es Marisol. Somos hondureños.

1 V
1 Paco es de Venezuela.
2 Aniela es de Paraguay.
3 Graciela es de Costa Rica.
4 Fernando es de Cuba.
5 Marisol es de Honduras.

> **Gramática**
> *ser* (to be) is an irregular verb.
> *soy* I am
> *eres* you are (sing)
> *es* he/she is

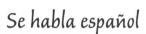**13 Escucha. Escribe las nacionalidades. (1–11)**
9
Listen. Write the nationalities.
1 venezolano
1 Soy venez_l_n_.
2 Soy c_l_mbi_n_.
3 Soy c_st_rricense.
4 Soy p_n_meñ_.
5 Soy nic_r_güense.
6 Soy gu_tem_ltec_.
7 Soy h_ndureñ_.
8 Soy cub_n_.
9 Soy d_minic_n_.
10 Soy s_lv_d_reñ_.
11 Soy mexic_n_.

> **Gramática**
> Adjectives of nationality also agree.
> *Raúl es cuban**o** y Marisol es venezolan**a**.*

14 Lee y contesta las preguntas.
Read and answer the questions.

Lidia:	¡Hola!
Juan Pablo:	¡Hola! ¿Hablas español?
Lidia:	Sí, hablo inglés y español.
Juan Pablo:	¿Cuál es tu nacionalidad?
Lidia:	Soy jamaiquina pero mi mamá es cubana.
Juan Pablo:	En Jamaica se habla inglés y criollo, ¿no?
Lidia:	Sí, pero yo no hablo criollo.
	¿Tú de dónde eres?
Juan Pablo:	Soy nicaragüense.
Lidia:	¡Ah! ¿Hablas inglés?
Juan Pablo:	Sí. Hablo español y un poco de inglés.

1 What nationality is Lidia?
2 Where is Lidia's mother from?
3 What languages does Lidia speak?
4 What languages do they speak in Jamaica?
5 What nationality is Juan Pablo?
6 Does Juan Pablo speak English?

> **Gramática**
>
> *hablar* (to speak) is a regular
> *–ar* verb. That means the
> endings follow a pattern.
> *hablo* I speak
> *hablas* you speak (sing)
> *habla* he/she speaks

15 Escribe las palabras que faltan.
Write the missing words.

de dónde	hablo	hablas	me llamo	~~¡hola!~~	nacionalidad

1 ¡Hola!

　¡Hola!
● (1) _____
　¿Cómo te llamas?
● (2) _____Susana. ¿Y tú?
　Soy Patricia.
● ¿(3) _____ eres?
　Soy panameña. ¿Cuál es tu (4) _____?
● Yo soy cubana. ¿(5) _____ inglés?
　Sí. Hablo inglés y español. ¿Y tú?
● (6) _____ inglés y un poco de francés.

16 Habla con tu compañero/a.
Talk to your partner.

Ana	Enrique
inglés ✓	inglés ✗
español ✗	español ✓
Cuba	Honduras

¿Cómo te llamas?

¿Hablas ...?

¿De dónde eres?

¿Cuál es tu nacionalidad?

1.2 ¿Por qué el español?

- Learn where Spanish is spoken across the world
- Find out why people learn Spanish
- Count from 11 to 20

1 Escucha y elige. (1–7)
10
Listen and choose.

España

Estados Unis

El Caribe

Cuba

República Dominicana

México

Guatemala

El Salvador

Honduras

Nicaragua

Costa Rica

Panamá

Venezuela

Colombia

Ecuador

Guinea Ecuatorial

Perú

Bolivia

Paraguay

Uruguay

Chile

Argentina

1 Ecuador

1 Es de **Ecuador / Nicaragua**.
2 Es de **Colombia / México**.
3 Somos **panameño / panameñas**.
4 David es de **Perú / El Salvado**r.
5 Dolores es **cubano / cubana**.
6 Es **hondureño / hondureña**.
7 Son de **Guatemala / Panamá**.
8 Alex es de **La República Dominicana / Costa Rica**.

> **¡Nota!**
> Check out the Pronunciation Guide on p. 199 to help you say these words in Spanish.

2 Escucha, busca y repite.
11
Listen, find and repeat.

3 Escribe cada país en orden.
Write each country correctly.
1 Bolivia

1 vBliiao
2 ducaoEr
3 yargPuaa
4 dsEaost snidUo
5 hiCel
6 ngeaAntri
7 gryuuaU
8 rúPe
9 sañapE

> **Gramática**
> Remember *ser* is an irregular verb. Note the plural forms:
>
> | | |
> |---|---|
> | *soy* | I am |
> | *eres* | you are (sing) |
> | *es* | he/she is |
> | *somos* | we are |
> | *son* | you are (pl), they are |

4 Mira las nacionalidades. Escribe frases con los países correspondientes.

Look at the nationalities. Write sentences with the corresponding countries.

1 Soy de Jamaica.

1 Soy jamaiquina.
2 Soy trinitense.
3 Soy beliceña.

4 Soy guyanés.
5 Soy barbadense.
6 Soy bahameño.

5 Escucha y lee. Copia y completa el cuadro.

12

Listen and read. Copy and complete the table.

¡Hola! Soy Martisha y soy de Jamaica. Hablo inglés.

¡Hola, chicos! Me llamo Kingston y soy trinitense. Hablo inglés.

¡Hola! Me llamo Josue y soy beliceño.
En Belice hablamos inglés, español y criollo.

¡Hola! Soy Amanda. Soy guyanesa. En Guyana
se habla inglés. Mi familia habla inglés y criollo.

Name	Nationality	Country	Languages spoken
Martisha	*Jamaican*		
Kingston			
Josue			
Amanda			

6 Escribe las palabras que faltan.

Write the missing words.

| de dónde | hablan | soy | llamo |
| trinitense | ¡hola! | nacionalidad | cómo |

1 ¡Hola!

¡Hola!
● (1) _____
¿(2) _____ te llamas?
● (3) Me _____ Kingston. ¿Y tú?
Soy Josue.
● (4) ¿_____ eres, Josue?
(5) _____ de Belice. ¿Cuál es tu (6) _____?
● Soy (7) _____. ¿Hablas criollo?
No. No hablo criollo pero mis padres (8) _____ un poco de criollo.

> **Gramática**
>
> Remember *hablar*
> (to speak/talk) is a
> regular *–ar* verb.
> *hablo*   I speak
> *hablas*   you speak
>   (sing)
> *habla*   he/she
>   speaks
> *hablamos* we speak
> *hablan*   you speak
>   (pl), they
>   speak

7 Habla con tu compañero/a. Después preséntate a la clase.

Speak to your partner. Then introduce yourself to the class.

¿Cómo te llamas?

¿De dónde eres?

¿Hablas ...?

¿Cuál es tu nacionalidad?

1.2 ¿Por qué el español?

8 ¡Quiero aprender español! Mira, lee y empareja.
I want to learn Spanish! Look, read and match.

Quiero visitar los Andes.

Quiero visitar a mi familia en Venezuela.

Me encanta viajar.

Me interesa la cultura hispánica.

Me gusta el reguetón.

f

Cuba — El Caribe — República Dominicana — Venezuela — Colombia — emala — ador — uras — ragua — ta Rica — anamá — Ecuador — G — Ec — Perú — Bolivia — Paraguay — Uruguay — Chile — Argentina

¡Se habla español en 20 países!

1 f

1 Spanish is spoken in 20 countries.
2 I love travelling.
3 I want to visit my family.
4 I want to visit the Andes.
5 I'm interested in Hispanic culture.
6 I like reggaeton.

9 Escucha y repite.
Listen and repeat.

13

10 Escribe las palabras que faltan.
Write the missing words.

1 aprender

aprender	visitar	hispánica	habla
quiero	encanta	interesa	

¡Quiero (1) _____ español! Me (2) _____ viajar
y se (3) _____ español en 20 países. Quiero
(4) _____ muchos países en Hispanomérica porque
me (5) _____ la cultura (6) _____. Me gustan las
montañas y quiero ir a Chile para visitar los Andes.
Quiero ser artista pop y mi música favorita es el reguetón.
¡Y (7) _____ visitar mi familia en Venezuela!

11 ¿Por qué quieres aprender español? Elige tres ideas y habla con tu compañero/a.
Why do you want to learn Spanish? Choose three ideas and talk to your partner.

12 Escucha, busca y repite.
Listen, find and repeat.

14

Hay 20 países hispanohablantes en el mundo.

1 uno	**8** ocho	**15** quince
2 dos	**9** nueve	**16** dieciséis
3 tres	**10** diez	**17** diecisiete
4 cuatro	**11** once	**18** dieciocho
5 cinco	**12** doce	**19** diecinueve
6 seis	**13** trece	**20** veinte
7 siete	**14** catorce	

13 Juega ¡*Oye!*
Play ¡Oye!

14 Hay 20 países hispanohablantes. ¿Puedes recordarlos?
Trabaja en grupo y cuéntalos.
*There are 20 Spanish-speaking countries. Can you remember
them? Work in groups and count them.*

uno   Argentina   dos   Cuba

 15 Escucha y escribe los números. (a–e)
Listen to the numbers and write them down.
a 7, 13, …

15

16 Habla con tu compañero/a.
Talk to your partner.

 más   **menos**   **son**

Tres más cinco son …?

Tres más cinco son ocho.

1.3 Amigos nuevos

- Greet someone
- Introduce someone
- Ask how someone is and say how I am

 1 Escucha y lee. ¿Qué significan los saludos?
Listen and read. What do the greetings mean?

¡Buenos días, señora Mora!

¡Buenos días!

¡Buenas tardes!

¡Buenas tardes, señor Blanco!

¡Adiós, señorita!

¡Hasta mañana, Aurelia!

¡Chao, Aurelia!

¡Buenas noches!

¡Buenas noches, Aurelia!

2 Traduce las frases.
Translate the sentences.

1 Hello, Paco.
2 Goodnight, Mr Ortega.
3 Goodbye, Marisol.
4 See you tomorrow, Mrs Delgado.
5 Good morning, Miss.

 3 Escucha y empareja.
Listen and match.

1 d

1 ¡Bienvenidos,	a señoritas!
2 ¡Bienvenida,	b señor Hernández!
3 ¡Bienvenido,	c señores y señoras!
4 ¡Bienvenidas,	d señores!
5 ¡Bienvenidos,	e señorita!

> **Gramática**
>
> In Spanish, adjectives agree. This means their endings change, depending on the gender and number.
> *bienvenido* – for one male
> *bienvenida* – for one female
> *bienvenidos* – for two or more males; also for mixed groups
> *bienvenidas* – for two or more females

4 Habla con tu compañero/a. Dales la bienvenida a estas personas a tu país.
Speak to your partner. Welcome these people to your country.

señor Sánchez

Roberto y Carlos

señoritas

Bienvenido a Jamaica, señor Sánchez.

señor y señora Ramos

señora Diego

Alicia y Marco

5 Escucha y dibuja. (1–2)
18
Listen and draw.

Carlos

¿Cómo estás?

Carlos

Fernanda

Señora Ramos

Alberto

muy bien   bien   más o menos

mal   muy mal/
terrible

6 Lee. ¿Notas algo diferente en la pregunta?
Read. What is different about the question here?

¿Cómo está usted,
señor Rodríguez?

¡Terrible!

Gramática

When you address
people in Spanish, the
form you use depends on
who they are.
¿Cómo estás, Ana?
(informal – use with
friends/family)
*¿Cómo está (usted),
señor López?*
(formal – use with adults
you don't know/adults
in authority)

7 ¿Cómo estás? Mira los emojis y escribe.
How are you? Look at the emojis and write.
1 Estoy bien.

1   **2**   **3**   **4**   **5**

8 ¿Cómo están? Escucha y escribe. (1–6)
19
How are they? Listen and write.

| ¡Estoy terrible! | Estoy bien. | Más o menos. |
| Estoy muy bien. | Estoy muy mal. | ~~Bien~~ |

1 Bien.

1 Laura   **4** Sara
2 Sebastián   **5** Isabela
3 Sr. Gómez   **6** Sra. Campos

**9 ¿Cómo estás? Haz un sondeo en clase y preséntalo en
un gráfico circular.**
How are you? Do a survey in class and present as a pie chart.

1.3 Amigos nuevos

 10 Escucha y lee. Empareja. (1–3)
20 *Listen and read. Match.*

1

¡Hola, Laura!
● ¡Hola, Raúl!
Este es Mario. Está
en mi clase de inglés.
Mario, esta es Laura.
● Mucho gusto.
● ¡Encantado!

Mario **Laura**

2

Mamá, estos son mis
amigos Julio y Pepe.
● ¡Encantada!

Julio y Pepe

3

Papá, estas son mis
amigas Ana y Paz.
● ¡Encantado!

Ana y Paz

1	Esta es	a	Ana y Paz.
2	Estos son	b	Mario.
3	Este es	c	Laura.
4	Estas son	d	Pepe y Julio.

11 Empareja las frases.
Match to make sentences.
1 f

1	¡Hola, Enrique! Este	a	es mi amiga Juliana.
2	¡Hola, Juana! Estos son	b	son Isabel y Pablo.
3	Buenas tardes Paquito. Esta	c	señores Campo.
4	Estas	d	son Nuria y Marina.
5	Estos	e	mis amigos David y Alexis.
6	¡Buenos días! Estos son los	f	es Javier.

12 Escribe cada frase en orden.
Write each sentence in order.
1 Este es el señor Marcano.

1 es señor Este el Marcano.
2 mi Paul es Este amigo.
3 de es Madrid Jaime.
4 Honduras a Bienvenido.
5 y Ramón Estos amigos Julia mis son.
6 Campos Esta es señora la.

¿Sabes ...?
When you meet someone for the first time, you can say *Mucho gusto* or *Encantado* (if you're male) or *Encantada* (if you're female.)

Gramática
You use *este* or *esta* to introduce someone:
Este es Raúl. This is Raul.
Esta es Marta. This is Marta.
Note the plural forms:
Estos son Raúl y Jaime. This is Raul and Jaime.
Estas son Marta y Julia. This is Marta and Julia.
For a mixed male and female group, the male form is used.
Estos son Jaime y Julia.

¿Sabes ...?
It's customary in Hispanic culture for family and friends to give each other a hug – *un abrazo* – and a kiss on each cheek – *un beso* – when they meet. Men generally just hug.

¡Nota!
When introducing people by their title, use *el* and *la*.
Este es el señor Delgado.
Esta es la señora Lobo.

13 Presenta a las personas a tu compañero/a.

Introduce the people to your partner.

Ricardo – Cuba

Juanita – Puerto Rico

Rosa y Tono – Venezuela

Maricarmen y Azucena – Bolivia

señora Fuentes – Argentina

señor Campos – Ecuador

14 Escucha y contesta las preguntas.

21

Listen and answer the questions.

1 When is this conversation taking place?
2 How does Selena feel?
3 How does Alejandro feel?
4 Who is Sandrina?
5 Where is she from?
6 Which country are they in?

15 Escribe las palabras que faltan.

Write the missing words.

| estás | bienvenida | esta | ~~tal~~ | muy bien | mucho | tú | es |

1 tal

¡Hola, Roberto! ¿Qué (1) _____?
● Bien, Paco. ¿Y (2) _____? ¿Cómo (3) _____?
(4) _____, gracias. (5) _____ es mi amiga María.
(6) _____ de Bolivia.
● ¡Hola, María! Encantado. (7) _____ a Quito.
¡Buenos días, Roberto! (8) _____ gusto.

16 Tu compañero/a es una celebridad hispana. Preséntala a la clase.

Your partner is a Hispanic celebrity. Introduce him or her to the class.

Este es ...

1.4 Mi profesor dice ...

- Understand and give simple classroom instructions
- Use the Spanish alphabet and punctuation correctly
- Instructions

1 Escucha y repite.
22
Listen and repeat.

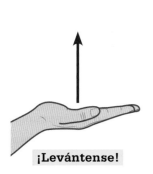

¡Levántense!

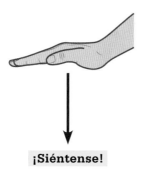

¡Siéntense!

¡Abran los libros!

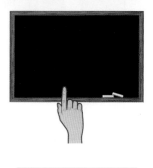

¡Miren la pizarra!

¡Escriban!

¡Lean!

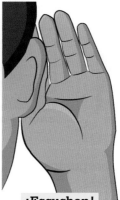

¡Escuchen!

¡Hablen!

¡Hola!

¡Hola!

¡Repitan!

¿Qué tal?

¡Bien!

¡Contesten!

¡Cierren los libros!

2 Escucha otra vez y acompaña con las acciones.
22
Listen again and do the actions.

3 Juega ¡Simón dice ... !
Play Simon says ... !

¡Levántense!

¡Escuchen!

Gramática

Some Spanish words have accents to show you how to say the word: ¡Siéntense!
What's unusual about Spanish punctuation in the instructions? What happens in Spanish questions?

4 **¿Qué dice el profesor? Escucha y mira. Escribe las letras. (1–5)**

23 *What does the teacher say? Listen and look. Write the letters.*

1 d

Gramática

Spanish verbs have a different form when they are used as instructions:

Siéntense	Sit down	*Escuchen*	Listen
Levántense	Stand up	*Hablen*	Speak
Abran	Open	*Repitan*	Repeat
Escriban	Write	*Contesten*	Answer
Lean	Read	*Cierren*	Close
Miren	Look at		

These instructions are for more than one person, so they are different to the instructions you see in the activities. See what common patterns you can spot.

 5 **Escucha, busca y repite.**

24 *Listen, find and repeat.*

 6 **Escucha y escribe las palabras.**

25 *Listen and write the words.*

1 Perú

7 **Habla con tus compañeros.**

Talk to your classmates.

¿Cómo se escribe tu nombre?   D-A-N-I-E-L.

¡Nota!

There is an extra letter in the Spanish alphabet. Have you noticed which it is?

1.4 Mi profesor dice ...

8 Escucha y lee. ¿Qué significan las expresiones en negrita?

26 *Listen and read. What do the expressions in bold mean?*

Profesora:	Elena es de Cuba y Olga es de Venezuela.
Laura:	**Más despacio**, por favor.
Profesora:	Elena es de Cuba … y Olga es de Venezuela.

Alex:	**¿Puede repetir?**
Profesora:	OK. Elena es de Cuba … y Olga es de Venezuela.

Graciela:	Lo siento, **no entiendo**.
Profesora:	Mira el mapa. Elena … es de Cuba y Olga … es de Venezuela.
Laura:	Señorita, **¿Cómo se dice** 'Cuban' en español?
Profesora:	Cubano o cubana.

Alex:	**¿Qué significa** 'guatemalteco'?
Profesora:	Es una persona de Guatemala.

Graciela:	Por favor, señorita. **¿Cómo se escribe** 'hondureño'? ¿Es con una 'h' o no?
Profesora:	Con una 'h'.
Graciela:	Gracias.
Profesora:	**De nada.**

Profesora:	Alex, ¿dónde está la República Dominicana? ¡Levántate y señálalo en el mapa!
Alex:	OK. **Permiso**, Laura. ¿Puedo pasar?

9 Lee el texto de la Actividad 8 otra vez. Completa las frases.

Read the text in Activity 8 again. Complete the sentences.

1 fast

1 Laura thinks the teacher is speaking too _____.
2 Alex asks the teacher to _____ what she said.
3 Graciela apologises to the teacher because she doesn't _____.
4 Laura wants to know how to _____ Cuban in Spanish.
5 Alex doesn't know what 'guatemalteco' _____.
6 Graciela wants to know how to _____ 'hondureño'.

10 Escribe las palabras que faltan.
Write the missing words.

significa	~~despacio~~	siento	de nada	dice	puede

1 despacio

1 Más _____, por favor.
2 Señor Ramos ¿_____ repetir?
3 Lo _____, no entiendo.
4 Señorita, ¿Cómo se _____ 'English' en español?
5 ¿Qué _____ 'costarricense'?
6 Gracias. – _____.

11 ¿Qué dices en español? Lee y habla con tu compañero/a.
What do you say in Spanish? Read and talk with your partner.

1 That's too fast!

2 I don't understand!

3 How do you spell ...?

4 What does ... mean?

5 Excuse me.

6 You're welcome!

12 Trabaja en grupo. Habla con tus compañeros.
Work in groups. Speak to your classmates.

¿Cómo se dice 'Chilean' en español?

Chileno.

¡Gracias!

De nada.

1.5 ¿Es difícil aprender español?

● Think about how I learn
● Use strategies to learn better
● Learn numbers up to 100

1 ¡Hablo español! Empareja.
I speak Spanish! Match.

1 f

1	tigre	a	photo
2	invitación	b	public
3	correcto	c	adult
4	atención	d	family
5	orgánico	e	information
6	foto	f	tiger
7	familia	g	organic
8	público	h	correct
9	adulto	i	attention
10	información	j	invitation

> **Look for cognates** when you are trying to work out new language. Cognates are Spanish words that are similar to English words – they can help you understand. But watch out for *falsos amigos* – false friends (words you can't trust)! *¿Librería?* Not a library – a bookshop!

2 Escucha y mira. Escribe las letras. (1–6)

27
Listen and look. Write the letters.

1 f

3 Traduce las frases.
Translate the sentences.
1 Este animal se llama león.
2 Este chocolate es de Ecuador.
3 Hablo con mis amigos por teléfono.
4 Madrid es la capital de España.
5 Lee esta novela.
6 Quiero una hamburguesa.

> **Listen for cognates** too. Sometimes the words don't look very similar – but they do sound alike.

4 Usa las fotos para traducir las frases.
Use the photos to translate the sentences.

1 Hay tres <u>perros</u>.
2 Hay una <u>bandera</u> argentina.
3 Quiero esos <u>zapatos</u>.
4 Hay muchos <u>carros</u>.
5 Hay mucha <u>gente</u>.

> **Look for clues.** Use the information shown in pictures to help you work things out. *Hay tres perros.* You know *tres = three.* There are three dogs in the picture – so *perros = dogs.*

5 Lee y piensa. ¿Qué significan estas palabras?

Read and think. What do these words mean?

noventa – 90

noventa   cincuenta   cuarenta   veinte   setenta

cien   ochenta   treinta   sesenta

6 Escucha y repite.

Listen and repeat.

28

7 Mira y escucha. Busca los modelos.

Look and listen. Find the patterns.

29

21 veintiuno
22 veintidós
23 veintitrés ...
31 treinta y uno
32 treinta y dos
33 treinta y tres ...
44 cuarenta y cuatro ...
55 cincuenta y cinco ...
66 sesenta y seis ...
77 setenta y siete ...
88 ochenta y ocho ...
99 noventa y nueve ...
100 ¡cien!

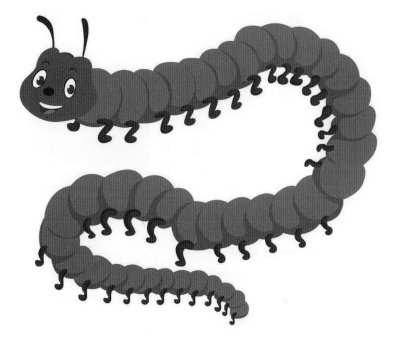

8 Escribe estos números en palabras. Usa los modelos de la Actividad 7.

Write these numbers as words. Use the patterns in Activity 7.

37 a
94 b
76 c
25 d
42 e
57 f

Look for patterns. They will help you understand new words – and they will also help you remember them!

Look for exceptions.
veintiuno, veintidós, veintitrés, veinticuatro
Why do 22 and 23 have an accent? If you can't remember, look at the stress rules on p. 199.

9 Traduce las palabras en negrita. Usa lo que sabes.
Translate the word in bold each time. Use what you know.

1 María habla francés, español y **chino**.
2 ¡Shhhh! Es un secreto. Habla **en voz baja**.
3 Necesito un libro. ¿Puedo **ir** a la librería?
4 ¿Cómo está la temperatura? – Está a veinticinco **grados**.
5 ¿Eres boliviana? – No, soy **brasileña**.
6 Un **boleto** para el bus a Caracas, por favor.

> **Use what you know.**
> Language learning is all about building on what you already know and using it to work out new words. *¿Eres boliviana? – No, soy* **brasileña**.

10 Mira las fotos y escribe frases. Usa *hablar* de la página 11 como modelo.
Look at the photos and write sentences. Use hablar *on page 11 as a model.*
1 Pablo estudia.

Pablo
estudiar –
to study

Yo y Salvador
caminar –
to walk

tú
cantar bien –
to sing well

Isabel y Nuria
bailar –
to dance

11 Elige un verbo de la Actividad 10 y escribe todas las formas.
Choose one of the verbs in Activity 10 and write out all the forms.

12 Mira estas palabras. Elige una forma de aprenderlas y pruébala.
Look at these words. Choose one way to learn them and try it.

> Also **use what you know** to create **new sentences in Spanish.**
> *Pablo habla.*
> Pablo speaks.
> *Pablo estudia.*
> Pablo studies.
> *Isabel y Nuria estudian.*
> Isabel and Nuria study.

1 Draw and label them in Spanish.

2 Write them out in Spanish and English five times.

3 Say them over and over again quietly to yourself.

mesa	table	*sol*	sun	*mano*	hand
silla	chair	*árbol*	tree	*pantalón*	trousers
mochila	backpack	*calle*	street	*vestido*	dress
celular	mobile phone	*carretera*	road	*gorra*	cap

13 Mira las palabras. ¡Tienes 2 minutos para aprenderlas!

Look at these words. You have 2 minutes to memorise them!

mundo	world	*familia*	family
isla	island	*comprar*	to buy
ayudar	to help	*continente*	continent
computadora	computer	*trabajar*	to work
llegar	to arrive	*balón*	football
perdón	sorry	*nadar*	to swim

> Identify your learning style. It's important to try out different ways of learning. Find the best way for you.

¡A explorar!

To improve your Spanish, why not try …

looking at Spanish magazines
Lots of pictures and headings to help you understand.

watching videos in Spanish
Find short, funny clips that are easy to watch.

listening to Spanish pop songs
The easiest way to pick up new language!

visiting Spanish versions of your favourite websites
You'll be surprised by how much you can work out in a familiar context!

changing your social media settings to Spanish
You already know what it means – this way you get to see Spanish every day!

EL ESPAÑOL EN EL MUNDO

En el mundo hay más de 400 millones personas que hablan español. El español oficial también se llama **castellano** para distinguirlo de los otros idiomas regionales de España. El castellano es el idioma oficial en 20 países del mundo y se usa en muchas organizaciones internacionales para la comunicación.

Si quieres viajar y visitar países en Suramérica y América Central es **útil** aprender español para comunicarte con la **gente**, usar el transporte, comer en los restaurantes y comprar en las tiendas. Es importante aprender español para la comunicación.

castellano	(Castilian) Spanish
útil	useful
gente	people

1 Empareja las frases.

Match to make sentences.

1 There are more than 500 million people
2 Another name for the Spanish language is
3 Spanish is useful for travelling
4 Spanish is the official language
5 Spanish is important for

a in more than 20 countries.
b communicating with people.
c who speak Spanish.
d *castellano*.
e around Central and South America.

EL DÍA DE LA RAZA

El *Día de la Raza*, o *Día de la Hispanidad* como se llama en España, es una celebración muy importante en países hispanohablantes. Se celebra el 12 de octubre y conmemora la llegada de Cristóbal Colón a las Américas en 1492. Es una fiesta en honor a la influencia de los europeos, y especialmente de los españoles, en la cultura de los países hispanoamericanos. Estados Unidos también celebra esta fiesta y allí se conoce como *Columbus Day*.

Hoy en día, varios países hispanoamericanos usan esta fiesta nacional para celebrar sus **propias** culturas indígenas.

Unos **platos típicos** para celebrar este día son el **pabellón criollo** en Venezuela y el **sancocho** en la República Dominicana.

hoy en día	nowadays
propio/a	own
el plato típico	typical dish
el pabellón criollo	beef, black beans, rice and fried plantains
el sancocho	meat stew

2 Lee y contesta las preguntas.

Read and answer the questions.

1 When do the *Día de la Raza* celebrations take place?
2 Do they celebrate *Día de la Raza* in Spain?
3 What occasion does it commemorate?
4 What do some Latin Americans also celebrate on this day nowadays?
5 What is this celebration known as in the United States?
6 What are *pabellón criollo* and *sancocho*?

Mi mundo, tu mundo

What languages are spoken throughout the Caribbean?
Is there a celebration in your country that celebrates heritage?

A reforzar

1 Empareja.

Match.

1 c

1	¡Hola!	**a**	Pleased to meet you.
2	Buenas tardes.	**b**	See you tomorrow.
3	Soy de Cuba.	**c**	Hello!
4	Hablo inglés.	**d**	I'm from Cuba.
5	Mucho gusto.	**e**	Welcome.
6	Hasta mañana.	**f**	I speak English.
7	Bienvenido.	**g**	Good evening.

2 Escribe las letras en orden y completa la conversación.

Write the words correctly to complete the conversation.

1 llamas

¡Hola! Soy Jorge. ¿Y tú cómo te (1) **smaall**?

● ¡Hola! Soy Maya. ¿Qué (2) **lta**?

Muy bien, (3) **sgrcaai**. ¿De dónde (4) **seer**?

● Soy de Venezuela. ¿Cuál es tu (5) **aaioaiddnncl**?

(6) **yoS** hondureño.

● ¿(7) **slaabH** inglés?

Sí, hablo inglés, español y un (8) **cpoo** de francés.

● ¡Genial! Yo hablo inglés y español. Mi papá es de Inglaterra.

3 Lee la conversación otra vez. Lee las frases y escribe V (verdadero) o F (falso).

Read the conversation again. Read the sentences and write V (true) or F (false).

1 F

1 Jorge isn't feeling well.

2 Maya is Venezuelan.

3 Jorge only speaks Spanish.

4 Jorge is from Honduras.

5 Maya speaks a little French.

6 Maya's mother is English.

4 Trabaja con tu compañero/a y escribe una conversación como la de la Actividad 2.

Work with your partner and write a conversation like the one in Activity 2.

Nombre: Ramón
País: Uruguay
Idiomas: inglés, español

Nombre: Kimberly
País: Jamaica
Idiomas: inglés, un poco de español

A practicar

1 Pon la conversación en el orden correcto.
Put the conversation in the correct order.

3, …

1 Se dice 'clase'.
2 De nada.
3 ¿Tú hablas español?
4 Gracias.
5 Sí, hablo un poco de español.
6 ¿Cómo se dice 'class' en español?
7 Se escribe C-L-A-S-E.
8 ¿Y cómo se escribe?

2 Mira las instrucciones y dibuja un emoji o icono.
Look at the instructions and draw an emoji or icon.

1 ¡Escuchen!
2 ¡Miren!
3 ¡Lean!
4 ¡Contesten!
5 ¡Siéntense!
6 ¡Cierren!

3 ¿Cuál es el número siguiente? Escríbelo en palabras.
Which number comes next? Write it in words.

1 veintitrés

1 21, 22, _____
2 30, 31, _____
3 42, 43, _____
4 48, 49, _____
5 75, 76, _____
6 97, 98, _____

4 Busca cuatro preguntas y habla con tu compañero/a.
Find four questions and talk to your partner.

te
¿Cuál?
llamas estás
¿Cómo? tu ¿Hablas?
español apodo
es

¿Cuál es tu apodo?

No tengo apodo.

A ampliar

1 ¿Quién es? Escribe.
Who is it? Write.

1 Este es Tiago.

1 Tiago
2 Antonio y Silvia
3 Rosa y Clara

4 María Fernanda
5 el señor Ramírez
6 Pablo y Óscar

2 Escribe las palabras que faltan.
Write the missing words.

dónde	encantada	gracias	llamo	este
hablas	poco	tal	eres	gusto

1 tal

Luis: ¡Buenas tardes! ¿Qué (1) _____?
Freddy: Bien, (2) _____. ¿Y tú?
Luis: Estoy muy bien. Me (3) _____ Luis.
Freddy: Mucho (4) _____, Luis. Yo soy Freddy.
Luis: Encantado. ¿De (5) _____ eres?
Freddy: Soy de Venezuela. ¿Y tú? ¿ (6) _____ guatemalteco?
Luis: No, soy de Honduras.
Freddy: ¡Ah! ¿(7) _____ inglés?
Luis: Sí, hablo inglés, español y un (8) _____ de francés.
Freddy: ¡Genial! Yo hablo inglés y español. Mi papá es de Inglaterra.
María: ¡Hola, chicos!
Luis: ¡Hola, María! (9) _____ es Freddy.
Freddy: ¡Hola, María! Mucho gusto.
María: (10) _____.

3 Escucha y contesta las preguntas.
30
Listen and answer the questions.

1 Is it a morning or afternoon class?
2 What are the students learning about today?
3 What is the teacher's name?
4 What does the boy ask him to do?
5 How do you say 'please' in Spanish?
6 Why does the girl ask him to repeat what he's said?

4 Presenta a estos amigos nuevos. Habla con tu compañero/a.
Introduce these new friends. Talk to your partner.

**Gabriel –
Colombia**

**Enrique –
El Salvador**

Celia – Cuba

**Anabel –
Ecuador**

Este es Gabriel.
Es colombiano.

¡Hola, Gabriel!
¡Bienvenido a …!

Greet people and introduce myself

Greet others	*Hola*
Bid others farewell	*Adiós, Chao*
Ask someone's name	*¿Cómo te llamas?*
Say my name	*Me llamo Gloria.*
Say what languages I speak	*Hablo español.*

Talk about Caribbean Spanish-speaking countries

Identify nearby Spanish-speaking countries	*Venezuela/Cuba/Colombia*
Say my nationality	*Soy jamaiquino/a.*
Ask someone's nationality	*¿Cuál es tu nacionalidad?*

Talk about other Spanish-speaking countries

Identify more Spanish speaking countries	*Chile/España/Honduras*
Say someone else's nationality	*Juan es chileno.*
Say what languages someone else speaks	*Paco habla inglés.*

Welcome and introduce people

Welcome people	*Bienvenido/a*
Introduce someone	*Este/Esta es …*
Introduce more than one person	*Estos/Estas son …*
Express pleasure at meeting someone	*Mucho gusto./Encantado/a.*
Use other greetings	*Buenos días, señor./Buenas noches, señorita.*

Ask how someone is

Ask how someone is	*¿Como estás?/¿Qué tal?*
Say I'm well/very well	*(Estoy) Bien./Muy bien.*
Say that I'm not too bad	*(Estoy) Más o menos.*
Say that I'm not too well	*(Estoy) Mal./Terrible.*

Give simple instructions

Give classroom commands	*¡Levántense!/¡Escuchen!*

Ask for help

Ask someone to speak more slowly	*Más despacio, por favor.*
Ask someone to repeat something	*¿Puede repetir?*
Ask what something means	*¿Qué significa …?*
Say I do not understand	*No entiendo.*
Ask how something is spelt	*¿Cómo se escribe…?*
Use the alphabet in Spanish	*a, b, c …*

Use polite expressions

Apologise	*Lo siento.*
Say excuse me	*Con permiso.*
Say please and thank you	*por favor, gracias*
Respond when someone says thank you	*De nada.*

Use numbers

1–10	*uno, dos, tres … diez*
11–20	*once, doce, trece, … veinte*
20, 30, etc.	*veinte, treinta, etc.*
21, 35, etc.	*veintiuno, treinta y cinco, etc.*

Palabras y frases – Unidad 1

Los saludos

adiós	goodbye
bienvenido/a	welcome
buenos días	good morning
buenas tardes	good afternoon
buenas noches	goodnight
chao	bye
hasta mañana	See you tomorrow.
hola	Hello

Greetings

Me presento

Me llamo …	My name's …
Mi apodo es …	My nickname's …
Mi nombre es …	My name's …
Soy …	I'm …
¿Cómo te llamas?	What's your name?
¿Cuál es tu apodo?	What's your nickname?

Introducing myself

¿Qué tal?

¿Cómo estás?	How are you? (informal)
¿Cómo está (usted)?	How are you? (formal)
¿Y tú?	And you?
¿Y usted?	And you? (formal)
Estoy …	I'm …
bien/muy bien	fine/very well
terrible	terrible
mal/muy mal	not too good/really bad
más o menos	OK/not too bad
Este/Esta …	This is …
Estos/Estas …	These are …
¿Hablas …?	Do you speak …?
Hablo …	I speak …
criollo	Creole
español	Spanish
francés	French
inglés	English
un poco de	a little
no hablo …	I don't speak …
Se habla español.	Spanish is spoken.
Encantado/a.	Pleased to meet you.
Mucho gusto.	Pleased to meet you.
señor/Sr.	Mr
señora/Sra.	Mrs
señorita/Srta.	Miss
soy	I'm

How are you?

Los países

¿Cuál es tu nacionalidad?	What is your nationality?
¿De dónde eres?	Where are you from?
¿De qué nacionalidad eres?	What nationality are you?
Soy de …	I'm from …
Antigua	Antigua
Argentina	Argentina
(las) Bahamas	(the) Bahamas
Barbados	Barbados
Belice	Belize
Bolivia	Bolivia
Chile	Chile
Colombia	Colombia
Costa Rica	Costa Rica
Cuba	Cuba
Dominica	Dominica
Ecuador	Ecuador
El Salvador	El Salvador
España	Spain
Estados Unidos	the United States
Guatemala	Guatemala
Guyana	Guyana
Honduras	Honduras
Inglaterra	England
Isla de San Martín	St Maarten
Islas Caimán	Cayman Islands
Islas Turcas y Caicos	Turks and Caicos
Islas Vírgenes Británicas	British Virgin Islands (BVI)
Jamaica	Jamaica
México	Mexico
Montserrat	Montserrat
Nicaragua	Nicaragua
Panamá	Panama
Paraguay	Paraguay
Perú	Peru
la República Dominicana	the Dominican Republic
San Cristóbal y Nieves	St Kitts and Nevis
San Vicente y las Granadinas	St Vincent and the Grenadines
Santa Lucía	St Lucia
Trinidad y Tobago	Trinidad and Tobago
Uruguay	Uruguay
Venezuela	Venezuela
el Caribe	the Caribbean

Countries

Las nacionalidades

Soy …	I'm …
americano/a	American
antiguano/a	Antiguan
argentino/a	Argentinian
bahameño/a	Bahamian
barbadense	Barbadian
beliceño/a	Belizean
boliviano/a	Bolivian

Nationalities

caimanés/esa	Caymanian	diecinueve	nineteen
chileno/a	Chilean	veinte	twenty
colombiano/a	Colombian	treinta	thirty
costarricense	Costa Rican	cuarenta	forty
cubano/a	Cuban	cincuenta	fifty
dominicano/a	Dominican	sesenta	sixty
dominiqués/esa	Dominican	setenta	seventy
ecuatoriano/a	Ecuadorean	ochenta	eighty
español/a	Spanish	noventa	ninety
estadounidense	American	cien	one hundred
guatemalteco/a	Guatemalan	más	plus
guyanés/esa	Guyanese	menos	minus
hondureño/a	Honduran		

Las instrucciones / Instructions

inglés/esa	English
jamaiquino/a	Jamaican
méxicano/a	Mexican
monserratense	Montserratian
nicaragüense	Nicaraguan
panameño/a	Panamanian
paraguayo/a	Paraguayan
peruano/a	Peruvian
salvadoreño/a	Salvadoran
sancristobaleño/a	Kittitian and Nevisian
sanmartinense	Sint Maartener
santalucense	St Lucian
sanvicentino/a	Vincentian
trinitense	Trinidadian
turcaico/a	Turks and Caicos Islander
uruguayo/a	Uruguayan
venezolano/a	Venezuelan
virgenense británico/a	British Virgin Islander

abran	open
cierren	close
contesten	answer
escriban	write
escuchen	listen
hablen (en voz alta/baja)	speak (aloud/quietly)
lean	read
levántense	stand up
miren	look (at)
repitan	repeat
siéntense	sit down

Los números / Numbers

uno	one
dos	two
tres	three
cuatro	four
cinco	five
seis	six
siete	seven
ocho	eight
nueve	nine
diez	ten
once	eleven
doce	twelve
trece	thirteen
catorce	fourteen
quince	fifteen
dieciséis	sixteen
diecisiete	seventeen
dieciocho	eighteen

Preguntas y expresiones útiles / Useful questions and expressions

¿Cómo se dice … en español?	How do you say … in Spanish?
¿Cómo se escribe …?	How do you spell …?
(con) permiso	excuse me
De nada.	You're welcome.
gracias	thank you
Lo siento.	I'm sorry.
más despacio	more slowly
No entiendo.	I don't understand.
por favor	please
¿Puede repetir?	Can you repeat that, please?
¿Qué significa …?	What does … mean?
sí	yes
no	no

Los pronombres / Pronouns

yo	I
tú	you (informal)
usted	you (formal)
él	he
ella	she
nosotros/as	we
ustedes	you (plural)
ellos/ellas	they

2 EN NUESTRA *casa*

- Talk about family
- Say what jobs family members do
- Use the verb *tener*

2.1 Vivo con …

1 **Escucha, busca y repite.**
Listen, find and repeat.

31

2 **Lee y cuenta. ¿Cuántas personas hay en cada familia?**
Read and count. How many people are there in each family?

1 seis

1 Vivo con mis padres y mis hermanos. Tengo una hermana y dos hermanos.
2 En mi familia hay mi madre, mi padrastro, mi hermana y yo.
3 Juan vive con su padre y su abuela. Tiene tres hermanos.
4 ¡Quiero mucho a mi familia! Vivo con mi madre, mi padre, mi hermano y mi abuelito.
5 Ana vive con sus tíos y sus dos primas. No tiene hermanos.

3 **Túrnate en grupo.**
Take turns talking in your group.

¿Tienes hermanos?

Tengo … hermanos.
Vivo con …

> **Gramática**
>
> *tener* – to have
>
> | | |
> |---|---|
> | *tengo* | I have |
> | *tienes* | you have |
> | *tiene* | he/she has |
>
> *Tengo* una hermana.
> I have a sister.
> ¿*Tienes* hermanos?
> Do you have any brothers or sisters?
> No *tengo* hermanos.
> I don't have any brothers or sisters.

> **¿Sabes …?**
>
> Some family words have pet forms in Spanish: **mamá/mami** (for mother), **papá/papi** (for father), **abuelito** and **abuelita** (for grandparents).

4 Escucha y empareja.
Listen and match.
32

Roberto   Lucila   Alicia

a

b

c

Possessive pronouns tell us who things belong to. Spanish has different words for these depending on whether they refer to singular or plural nouns.

mi, mis	my
tu, tus	your
su, sus	his/her
mi hermano	my brother
mis hermanas	my sisters
su madre	his/her mother

5 Traduce las frases.
Translate the phrases.
1 my sister
2 my parents
3 my two brothers
4 your dad
5 his grandparents

mi abuela María

mi abuelo José

mi madre Lola

6 Dibuja tu árbol genealógico.
Draw your family tree.

7 Habla de tu árbol genealógico.
Talk about your family tree.

¿Quién es Lola?   Es mi madre.

¡Nota!
hay is used for both 'there is' and 'there are'.

8 Escribe sobre tu familia.
Write about your family.

Say ...
● how many people there are in your family   *Hay ... personas en mi familia.*
● who you live with   *Vivo con ...*
● how many brothers or sisters you have   *Tengo ... /No tengo hermanos.*
● what their names are   *Mi hermano se llama ...*

9 Lee el texto. Completa las frases.

Read the text. Complete the sentences.

1 f

Soy Roberto. Vivo con mi madre, mi padre, mi hermano, mi hermana y mi abuelo. Hay seis personas en mi familia. Mi papá es cocinero, mi mamá es médica y mi abuelito es jubilado.

Mis hermanos se llaman Miguel y María. Tienen seis años y son gemelos. Son alumnos en una escuela primaria.

Mis tíos viven en Venezuela con mi prima que se llama Lucila. Mi tío es policía y mi tía es veterinaria.

1	Roberto's dad is	a	retired.
2	His mother is	b	pupils.
3	His grandad is	c	a doctor.
4	His brother and sister are	d	a vet.
5	His uncle is	e	a police officer.
6	His aunt is	f	a chef.

10 Copia y completa el cuadro con la ayuda del texto de Roberto.

Copy and complete the table with the help of Roberto's text.

Masculine	Feminine	English
cocinero	cocinera	chef
enfermero	enfermera	nurse
	jubilada	retired
	maestra	teacher
médico		doctor
periodista		journalist
	policía	police officer
veterinario		vet
vendedor	vendedora	salesperson

Gramática

Jobs usually have different forms for men and women. Look for patterns to work out how the words change.

¡Nota!

Unlike in English, with jobs there is no word for 'a' or 'an'.
Soy enfermera.

33

11 Escucha y completa las frases para Alicia.

Listen and complete the sentences for Alicia.

1 Su padre es ... 2 Su madre es ... 3 Su abuela es ... pero era ...

12 Completa las frases con un trabajo de la Actividad 10.

Complete the phrases with a job from Activity 10.

1 Mi madre es

2 Mi padre es

3 Mi hermana es

4 Mi primo es

13 Completa el poema.
Complete the poem.

| maestro | Vivo | mi | abuelos | ~~tres~~ | hijo | familia | madre |

1 tres

Quiero mucho a mi familia

Hay (1) _____ personas en mi familia.

Mi madre, (2) _____ padre y yo.

Quiero mucho a mi (3) _____ .

Mi papá es (4) _____ .

(5) _____ aquí en Venezuela.

Quiero mucho a mis (6) _____ .

Mi (7) _____ es cocinera

Y yo soy (8) _____ único.

14 Escribe un poema de tu familia.
Write a poem about your family.

15 Elige un monstruo. Dale un nombre. Crea una familia para él.
Choose a monster. Give him a name. Invent a family for him.

Mi monstruo se llama …
Vive con …
Su madre es …

16 Trabaja en grupo. Describe a tu monstruo.
Work in groups. Describe your monster.

Es mi monstruo. Se llama Niñonaño. Tiene seis hermanos y una hermana. Su hermana …

Gramática

When the direct object of a verb is a person or pet, the preposition *a* is added.

Quiero mucho a mi familia.
I love my family very much
Quiero a mis abuelos.
I love my grandparents.

¡Tengo muchas mascotas!

- Say what pets I have
- Describe my pets
- Make adjectives agree

 1 Escucha, busca y repite.
34   *Listen, find and repeat.*

#quiero a mi mascota
2502 entradas

sigue

un perro | un gato | un ratón | una cobaya

un loro | un conejo | un caballo | un pez

una lagartija | una rana | una serpiente | una tortuga

 2 Escucha y escribe las mascotas. (1–6)
35   *Listen and write the pets.*
   1 un perro

3 Haz un sondeo.
   Do a survey.

¿Tienes una mascota?

Sí, tengo … /
No, no tengo mascota.

4 Presenta los resultados del sondeo en un gráfico. Escribe sobre los resultados.
Present the survey results in a graph.
Write about the results.
Ocho personas tienen un perro.
Seis personas tienen un gato.
Una persona tiene un conejo.

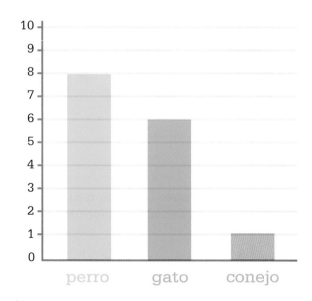

5 Lee y dibuja las mascotas.
Read and draw the pets.

1 Tengo un loro.
2 Tengo una rana y una lagartija.
3 Tengo cuatro peces.
4 Tengo dos gatos. No tengo un perro.
5 No tengo una cobaya. Tengo un conejo.

6 Traduce las frases.
Translate the sentences.

1 I have a turtle.
2 She has a parrot.
3 I have some guinea pigs.
4 I don't have a dog.
5 They have a snake and some lizards.

> **Gramática**
>
> In Spanish, the indefinite article changes according to whether the noun that follows is masculine or feminine, singular or plural:
> *un* perro – a dog
> *una* tortuga – a turtle
> *unos* perros – some dogs
> *unas* tortugas – some turtles

7 Mira las imágenes y escribe unas frases.
Look at the pictures and write sentences.
1 Tiene un perro.

2.2 ¡Tengo muchas mascotas!

8 Escucha, busca y repite.
Listen, find and repeat.

morado

blanco

negro

amarillo

azul

café

gris

rojo

verde

anaranjado

rosado

9 En grupo, juega al bingo.
In groups, play bingo.

Rojo … verde …

¡Bingo!

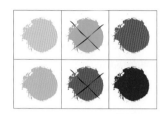

10 En grupo, haz una cadena.
In groups, make a chain.

Mi pájaro es azul.

Mi pájaro es azul y blanco.

Mi pájaro es azul, blanco y amarillo.

11 Mira y escribe.
Look and write.
1 Mi color favorito es el azul.

1
2
3
4
5
6

12 ¿Cuál es tu color favorito? Escribe.
What's your favourite colour? Write.

¡Nota!
You need to use *el* if you are talking about the colour as a noun.

13 **Lee y empareja las mascotas con las personas.**
Read and match the pets to the people.
@maria b

> ☰   👤 💬
>
> **@maria**
> Mi perro es café. #quiero a mi mascota
> ─────────────────────────────────────
> **@juanito**
> Mi conejo es blanco. #quiero a mi mascota
> ─────────────────────────────────────
> **@roberto**
> #quiero a mi mascota Mi serpiente es verde y amarilla.
> ─────────────────────────────────────
> **@mayte**
> Mi loro es azul y anaranjado. #quiero a mi mascota
> ─────────────────────────────────────
> **@nacho**
> Mis dos perros son negros. #quiero a mi mascota

Gramática

In Spanish, adjectives agree with the noun in gender
(masculine or feminine) and number (singular or plural). What patterns can you spot?

Masculine singular	Feminine singular	Masculine plural	Feminine plural
rojo	roja	rojos	rojas
negro	negra	negros	negras
verde	verde	verdes	verdes
azul	azul	azules	azules
café	café	café	café

14 **Elige las formas correctas.**
Choose the correct form.
1 negro

1 Mi gato es **negro / negra**.
2 Mi tortuga es **verde / verdes**.
3 Mis serpientes son **azul / azules**.
4 Mi lagartija es **amarilla / amarillo**.
5 Mis caballos son **blanco / blancos**.

> As well as learning a grammar
> rule, think of memorable sentences
> that illustrate it. This will make
> it easier to remember it, e.g.
> *La lagartija es amarilla pero el
> loro es rojo.*

15 **Mira las imágenes de la Actividad 1 y completa las frases.**
Look at the pictures in Activity 1 and complete the sentences.
1 negro

1 Mi perro es _____.
2 Mi ratón es _____.
3 Mi loro es rojo, _____ y azul.
4 Mis peces son _____.
5 Mi rana es _____.
6 Mi serpiente es _____.

16 **Escribe unas frases para describir mascotas.**
Write sentences to describe pets.

- Give physical descriptions
- Talk about character
- Use adjectives

 1 Escucha, busca y repite.
37
Listen, find and repeat.

mi avatar

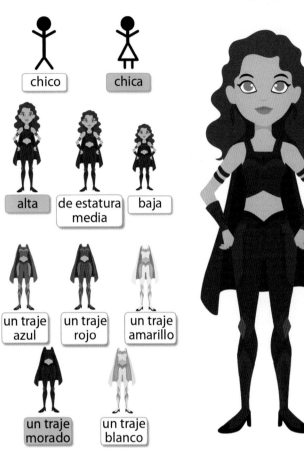

chico

chica

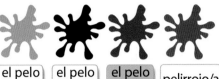

el pelo rubio | el pelo negro | el pelo castaño | pelirrojo/a

alta | de estatura media | baja

largo

corto

un traje azul | un traje rojo | un traje amarillo

 liso | ondulado | rizado

un traje morado | un traje blanco

 los ojos azules | los ojos café | los ojos verdes

 2 Escucha otra vez y completa las frases.
37
Listen again and complete the sentences.

Avatar 1 tiene el pelo castaño, _____ y _____.
Avatar 2 es un chico _____ y tiene los ojos _____.
Tiene el pelo negro, _____ y _____.
Avatar 3 es un chico _____ y _____ los ojos azules.
Tiene el pelo ____, largo y _____. Lleva un traje rojo.

3 Lee y dibuja los avatares.
Read and draw the avatars.

Mi avatar es una chica baja. Tiene los ojos azules. Es pelirroja. Tiene el pelo largo y ondulado. Lleva un traje azul.

Mi avatar es un chico alto. Tiene los ojos café. Tiene el pelo negro, corto y rizado. Lleva un traje blanco.

Gramática
In Spanish, the definite article changes according to whether the noun that follows is masculine or feminine, singular or plural:
el chico – the boy
los chicos – the boys
la chica – the girl
las chicas – the girls

4 **Habla con tu compañero/a.**
Talk to your partner.

¿Cómo es tu avatar?   Mi avatar es ... Tiene ...

5 **Mira las imágenes y lee las frases. Escribe V (verdadero) o F (falso).**
Look at the pictures and read the sentences. Write V (true) or F (false).

1 Tengo los ojos café. Tengo el pelo negro, rizado y bastante corto.
2 Soy pelirrojo. Tengo el pelo largo y rizado.
3 Tengo los ojos café. Tengo el pelo rubio, largo y liso.
4 Tengo los ojos café. Tengo el pelo negro, muy corto y bastante liso.

Gramática

In Spanish, adjectives go after the noun that they are describing. This is different from English.
el pelo negro   black hair
la chica alta   the tall girl
los ojos azules   blue eyes
las chicas bajas the short girls

6 **Corrige los errores en las frases.**
Correct the errors in the sentences.
1 Tengo los ojos verdes.
1 Tengo los verdes ojos.
2 Mi hermano tiene el negro pelo.
3 La chica es alto.
4 Mi padre es baja.
5 Mi abuela tiene el gris pelo y los café ojos.

7 **Traduce las frases corregidas de la Actividad 6.**
Translate the corrected sentences from Activity 6.

8 **Elige a tres personas de tu familia. ¿Cómo son? Descríbelas.**
Choose three people in your family. Describe what they look like.
Describe ...
• their height
• the colour of their eyes
• the length, colour and style of their hair
Mi padre es ...
Tiene ...

2.3 Me parezco a mi papá

9 Copia y completa el cuadro. Primero identifica los cognados y luego usa un diccionario.

Copy and complete the table. First identify the cognates and then use a dictionary.

Español	English
1 alegre	*cheerful*
2 amable	
3 deportista	
4 generoso/generosa	
5 gracioso/graciosa	
6 hablador/habladora	
7 inteligente	
8 perezoso/perezosa	
9 simpático/simpática	
10 tímido/tímida	
11 tonto/tonta	
12 egoísta	

cheerful
silly   intelligent
nice   funny
kind   sporty
shy   chatty
lazy
generous
selfish

When you're trying to work out a word, ask yourself 'Does it look familiar?' It might have a cognate – a related word – in English.
e.g. *generoso* – *generous*.

But watch out for false friends – words that look exactly like English words but mean something different.
e.g. *simpático* means nice, not 'sympathetic'.

¡Nota!

What happens to adjectives ending in *–or* when they describe a girl? What other adjectives don't follow the patterns you know?

10 Escucha y completa las frases. Tradúcelas.

38

Listen and complete the sentences. Translate them.

1 Mi madre es _____ y _____.
2 Mi padre es _____ y _____.
3 Mi hermana es _____ y _____.
4 Mi hermano es _____ y _____.
5 Yo soy _____ y _____.

11 ¿Cómo es tu familia? Habla con tu compañero/a.

What is your family like? Talk to your partner.

¿Cómo es tu madre?   Mi madre es …

12 Lee el texto y elige la imagen.
Read the text and choose the picture.

Hay tres personas en mi familia. Mi madre, mi hermano y yo. Mi madre es alta y tiene los ojos café. Tiene el pelo negro, largo y liso. Mi hermano es bajo y deportista. Tiene los ojos azules y el pelo castaño, corto y rizado. Yo me parezco a mi mamá. Soy alta y tengo los ojos café. Tengo el pelo negro, largo y ondulado. Soy generosa y deportista.

13 Completa la descripción de la otra familia de la Actividad 12.
Complete the description of the other family in Activity 12.

hablador ~~pelirroja~~ inteligente
alto pelirrojo generosa deportista

1 pelirroja

Hay cuatro personas en mi familia. Mi madre, mi padre, mi hermano y yo. Mi madre es de estatura media y es (1) _____. Tiene el pelo largo y ondulado y los ojos verdes. Es (2) _____. Mi padre es (3) _____ y tiene el pelo negro, corto y rizado. Tiene los ojos café. Es (4) _____. Mi hermano es alto e (5) _____. Tiene los ojos café y el pelo negro, corto y rizado. Yo soy bajo y (6) _____. Me parezco a mi madre. Tengo los ojos verdes y soy (7) _____. Tengo el pelo corto y ondulado.

14 Escribe una descripción de tu familia.
Write a description of your family.

15 Lee la descripción de tu compañero/a. ¿Hay errores?
Read your partner's description. Identify any errors for him/her to correct.

¡Nota!
Remember to check that all your adjectives agree correctly.

- Say how old I am
- Say when my birthday is
- Use regular *–er* verbs in the present tense

1 Escucha y repite.
Listen and repeat.

39

LOS CUMPLEAÑOS

enero	febrero	marzo	abril
mamá,		abuelita,	el mío,
veintiséis		dieciséis	seis

mayo	junio	julio	agosto
	papá,	Cristóbal y	tío Jaime,
	treinta	Carlos,	dieciocho
		catorce	

septiembre	octubre	noviembre	diciembre
	Ana,		abuelito,
	uno		veintidós

2 Habla en grupo.
Talk in groups.

¿Cuándo es tu cumpleaños?

Mi cumpleaños es en enero. ¿Cuándo es tu cumpleaños?

¡Nota!
The months in Spanish don't start with capitals.

3 Escucha y mira el calendario. ¿De quién se habla? (1–6)
Listen and look at the calendar. Who are they talking about?

40

4 Mira el calendario otra vez. Lee las frases y escribe V (verdadero) o F (falso).
Look at the calendar again and read the sentences. Write V (true) or F (false).

1 F

1 El cumpleaños de mi abuelita es el 30 de junio.
2 Mi cumpleaños es el 6 de noviembre.
3 El cumpleaños de Ana es el primero de octubre.
4 El cumpleaños de mi abuelito es el 16 de marzo.
5 El cumpleaños del tío Jaime es el 18 de diciembre.

Gramática
Cardinal numbers are used for dates in Spanish:
*el **veintiséis** de enero*
the twenty-sixth of January
*el **diecinueve** de mayo*
the nineteenth of May
To talk about the first of the month, you use *el primero*:
*el **primero** de octubre*
the first of October

5 Lee las invitaciones y usa el calendario en la Actividad 1. ¿Quién celebra su cumpleaños?

Read the invitations and use the calendar in Activity 1. Who is celebrating their birthday?

1

¡Estás invitado!
a una
piyamada
En mi casa
el 1 de octubre

2

Te invito a celebrar mi cumpleaños con

UNA FIESTA DE PISCINA

el 18 de agosto
En el parque acuático

3

¡ES NUESTRO CUMPLEAÑOS!
TE INVITAMOS A

UNA FIESTA DE
SOMBREROS Y MÁSCARAS

EL 14 DE JULIO
EN EL SALÓN MUNICIPAL

6 Escribe cada frase en orden.

Write each sentence correctly.

1 Mi cumpleaños es el doce de mayo.

1 cumpleaños es Mi el doce mayo de.

2 el enero veintiuno es Mi de cumpleaños.

3 ¿tu Cuándo cumpleaños es?

4 fiesta Mi es noviembre el veinticinco de.

5 y cumpleaños treinta Su de el es uno diciembre.

7 Escribe unas frases para tu familia.

Write some sentences for your family.

El cumpleaños de mi madre es el veinte de abril.

8 Diseña tu propia invitación.

Design your own invitation.

9 Lee y escribe. ¿Cuántos años tienen?

Read and write. How old are they?

1 12

¡Es mi piyamada!
Tengo doce años.

Es mi cumpleaños.
Tengo cuarenta años.

¡Tengo siete años!
¡Yupi!

Hoy es mi cumpleaños.
Tengo noventa años.

Hoy es nuestro cumpleaños.
¡Tenemos quince años!

10 Completa. Habla con tu compañero/a.

Complete. Talk to your partner.

● ¿ _____ es tu cumpleaños, Ricardo?
● Mi cumpleaños es _____ quince de mayo.
● ¿Y cuántos _____ tienes?
● _____ doce años.

¡Nota!

Spanish uses *tener* (to have) for age.

11 Escucha y completa las frases.

Listen and complete the sentences.

1 38

1 Su mamá tiene _____ años.
2 Su abuelito tiene _____ años.
3 Sus hermanos tienen _____ y _____ años.
4 Su tía tiene _____ años.
5 Ella tiene _____ años. ¡Hoy es su cumpleaños!

12
38
55
92
10
7

12 Lee y escribe el texto con los detalles de tu familia.

Read and write out the text with your family's details.

Tengo doce años. Mi cumpleaños es el dos de septiembre. Mi madre tiene treinta y nueve años. Su cumpleaños es en agosto. Mi padre tiene cuarenta años. Su cumpleaños es en enero. Mi hermano tiene quince años. Su cumpleaños es el diecisiete de octubre. Mi hermana tiene seis años. Su cumpleaños es el once de febrero.

Think about what words need to change. There is a lot here you can use in your own writing.

13 Escucha y mira. Escribe los números.

Listen and look. Write the numbers.

3, …

14 Empareja las frases.

Match to make sentences.

1 c

1	¿Bebes	**a**	bailan.
2	Como	**b**	y bailamos.
3	Hacemos	**c**	limonada?
4	Cantamos	**d**	pizza
5	Cantan y	**e**	una fiesta.

Gramática

Regular **–er** verbs have the same endings.

com**er**	to eat
com**o**	I eat
com**es**	you eat
com**e**	he/she eats
com**emos**	we eat
com**en**	you (plural)/they eat

15 Habla con tu compañero/a.

Talk to your partner.

¿Cómo celebras tu cumpleaños?

Hago una fiesta con mi familia.

16 Escribe unas frases sobre la imagen.

Write some sentences about the picture.

Es el cumpleaños de los gemelos.

2.5 ¡Vivimos aquí!

Say where I live
Give personal details
Use regular –ir verbs in the present tense

1 Escucha, busca y repite.
Listen, find and repeat.

43

1

una casa

2

un apartamento

3

un barrio

4

una ciudad

5

un pueblo

6

las afueras

7

el campo

8

la costa

9

las montañas

2 Escucha y mira los lugares de la Actividad 1. ¿Dónde viven?
Listen and look at the pictures in Activity 1. Where do they live?

44

Miguel

Nacho

Pepe

Gloria

Miguel – 1, 8

3 Habla con tus compañeros.
Talk to your classmates.

¿Dónde vives?   Vivo en una casa en la costa.

María vive en una casa en la costa.

4 Escribe las frases de la serpiente y busca la palabra escondida.
Write the phrases in the snake and find the hidden word.
una ciudad, …

5 Empareja los textos y las imágenes.
Match the texts to the pictures.

1 Soy de Venezuela. Vivo con mi familia en una ciudad en el norte. Vivimos en una casa en las afueras.

2 Soy de Cuba. Vivo con mi padre en un pueblo en el sur. Vivimos en una casa en la costa.

3 Soy de Colombia. Vivo con mis abuelos en una ciudad en el este. Vivimos en un apartamento en un barrio.

4 Soy de Perú. Vivo con mis padres y mis hermanos en un pueblo en el oeste. Vivimos en una casa en las montañas.

1 a

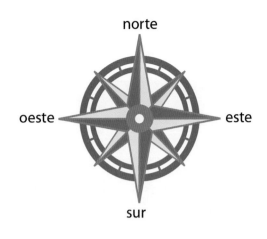

norte

oeste   este

sur

a

b

c

d

Gramática

Regular *–ir* verbs in the present tense always follow the same pattern of endings:

vivir	to live
vivo	I live
vives	you live
vive	he/she lives
vivimos	we live
viven	you (pl)/they live

6 Completa las palabras con las vocales.
Complete the words with vowels.

1 Vivo en …

1 V_v_ _n _n c_s_.
2 V_v_m_s _n _n _p_rt_m_nt_.
3 ¿D_nd_ v_v_s?
4 M_ t_ _ v_v_ _n _n_ c__d_d _n l_ c_st_ s_r.
5 M_s _b__ls v_v_n _n _n_ c_s_ _n l_ c_st_.

¡Nota!

Have you noticed that in Spanish the verb ending does all the work, so the words for 'I', /'you'/'he', etc., aren't needed?

7 ¿Dónde viven? Escribe.
Where do they live? Write sentences.

1 Pedro vive en la costa.

1 Pedro – on the coast
2 my grandparents – in the city
3 Ana – house, in the suburbs
4 me – apartment, in the mountains

8 **Lee el formulario. Después, lee las frases y corrige los errores.**

Read the form. Then read the sentences and correct the errors.

Crea una cuenta

Nombre	Teresa
Apellido(s)	Rodríguez García
Dirección	Calle México, 13, Caracas, Venezuela.
Número de teléfono	+58 212 456 7891
Correo electrónico	terrg@mimail.com

1 This person's surname is Rodríguez García.

1 This person's surname is Caracas.
2 She lives in Mexico.
3 58 212 456 7891 is her account number.
4 She lives at 13 Calle Venezuela.

¿Sabes ...?

In Spanish-speaking countries, it is common to have two surnames. The first surname is usually your father's and the second is your mother's. Teresa's surname is Rodríguez García. Her father's name is Carlos Rodríguez González and her mother's is María del Carmen García Campos. Women do not generally change their surnames when they get married.

9 **Escribe las palabras que faltan.**

Write the missing words.

~~Diego~~	número de teléfono	correo electrónico
	López Pérez	dirección

1 Diego

Me llamo (1)_____. Mis apellidos son
(2)_____. Vivo con mi familia en Cuba. Nuestra
(3)_____ es: Avenida de Valencia, 78, La Habana,
Cuba. Mi (4)_____ es diegolopezperez@mimail.
com y mi (5)_____ es: +58 232 678 9900.

10 **Copia y rellena el formulario con tus propios detalles.**

Copy and fill in the form with your own details.

11 **Escucha e identifica los errores en la placa.**
Listen and identify the mistakes on the badge.

45

GAME EXPO VENEZUELA

Nombre: Alex

Apellido(s): González Fernández

Dirección: Avenida de las Flores, 48, Cumaná, Colombia

Apellido(s): Fernández Lorca

12 **Habla con tu compañero/a. Pide y anota sus detalles.**
Speak with your classmate. Ask for his/her details and write them down.

¿Nombre y apellidos?

Mi nombre es Lydia y mis apellidos son López Rama.

¿Y tu correo electrónico y número de celular?

13 **Escucha y pon los números de teléfono en órden. (1–4)**
Listen and put the phone numbers in order.

46

| 1 | 12:00 PM |
| Contactos |
| 📞 234 889 6712 |

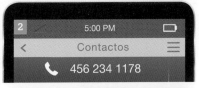

| 2 | 5:00 PM |
| Contactos |
| 📞 456 234 1178 |

| 3 | 4:00 PM |
| Contactos |
| 📞 560 213 8453 |

| 4 | 11:00 AM |
| Contactos |
| 📞 124 673 8534 |

3, …

¿Sabes …?

In most Spanish speaking countries, telephone numbers are not read out as a series of individual numbers. Instead they are grouped together. The number 212 345 2233 would be read as 2 12 3 45 22 33 (*dos, doce, tres, cuarenta y cinco, veintidós, treinta y tres*).

14 **Habla con tus compañeros. Anota sus números.**
Talk to your classmates. Write down their numbers.

¿Cuál es tu número de celular?

Mi número de celular es el 456 234 1178.

LA QUINCEAÑERA

María Elena vive en Venezuela. Tiene quince años. Hoy celebra un cumpleaños muy especial. La fiesta se llama **la quinceañera** o la fiesta de los quince años. En general, los niños no celebran esta fiesta. Los padres de las niñas trabajan mucho para hacer una fiesta grande y extravagante. Invitan a toda la familia y los amigos. Hay un banquete y **una torta de cumpleaños** grande. Todos comen, beben y bailan. Sacan muchas fotos y selfies y hacen videos. Es una ocasión muy alegre. **Las quinceañeras** están muy **bonitas** con **sus vestidos** largos y tiaras. Reciben muchos **regalos**. ¡Feliz cumpleaños, María Elena!

la torta de cumpleaños	birthday cake
bonito/a	beautiful
el vestido	dress
el regalo	present

1 **Lee las frases y escribe V (verdadero) o F (falso).**
Read the sentences and write V (true) or F (false).

1 María Elena is celebrating her 16th birthday.
2 In Venezuela, boys don't celebrate birthdays.
3 The birthday girl's family and friends are invited.
4 At the party, there is a birthday cake but no food.
5 People dance and take photos.

¡AL CARNAVAL!

Muchos países hispánicos celebran el Carnaval en familia. En Colombia tenemos el Carnaval de Barranquilla. Es uno de los carnavales más famosos del mundo. Se celebra todos los años en febrero. Es una ocasión muy alegre con mucha música tradicional. Hay **desfiles** como la Batalla de Flores y la Gran Parada. Hay **disfraces** de muchos colores. Todos tocan instrumentos músicales y bailan la cumbia. Todos los años, eligen a **la Reina** del Carnaval y **el Rey** Momo. Son dos personajes importantes del carnaval. También eligen a un niño y una niña para ser los Reyes Infantiles.

el desfile	parade
los disfraces	fancy-dress costumes
el rey/la reina	king/queen

2 Lee y elige.
Read and choose.

1 Families celebrate Carnival together **only in Colombia / in lots of Spanish-speaking countries**.
2 Barranquilla Carnival is celebrated **on Fridays / every February**.
3 The carnival is **for children only / for everyone**.
4 There are **parades / concerts** and people wear colourful costumes.
5 A boy and girl are chosen to be the Carnival **musicians / prince and princess**.

Mi mundo, tu mundo

Which special birthdays do you celebrate?
Which celebration in your country is your family's favourite?

A reforzar

1 **Mira, lee y empareja.**
Look, read and match.
1 d

1	Mi hermano es	**a**	perezoso.
2	Mi padre es	**b**	inteligente.
3	Mi abuelita es	**c**	deportista.
4	Mi hermana es	**d**	tonto.
5	Mi abuelito es	**e**	habladora.
6	Mi madre es	**f**	tímida.

2 **Túrnate con un compañero/a. Di los números.**
Take turns with a partner. Say the numbers.

3 **Escribe cada palabra en orden y describe los animales.**
Write each word correctly and describe the animals.
1 rana amarilla

1	nara llaramia	**5**	zpe orsaod
2	gtoa conbal	**6**	rroep sgri
3	ugttroa dvree	**7**	njocoe café
4	rolo luza		

74	62
21	18
95	40
59	33
86	9

4 **Escribe las frases en el orden correcto.**
Write the sentences in the correct order.
1 Vivo en un apartamento en las montañas.

1 apartamento Vivo un montañas en las en.
2 se Pedro llama padre Mi.
3 veintidós es cumpleaños el de Mi octubre.
4 y dos Tengo hermana una hermanos.
5 un y cinco Tenemos serpientes perro.

A practicar

1 Escucha y lee las frases. Escribe V (verdadero) o F (falso).

47

Listen and read the sentences. Write V (true) or F (false).

1 F

1 Elena vive con su padre y su hermano.
2 Viven en una casa.
3 Viven en las afueras de una ciudad.
4 Su madre tiene cincuenta años.
5 Su hermano es tonto.

2 Elige las palabras correctas.

Choose the correct words.

1 maestra

1 Mi madre es **veterinario / maestra**.
2 Mi padre es **jubilada / vendedor**.
3 Mi tío es **cocinera / policía**.
4 Mi tía es **maestro / enfermera**.
5 Mi abuelo es **médica / jubilado**.
6 Mi abuela es **cocinero / veterinaria**.

3 Lee y dibuja las personas.

Read and draw the people.

1
Tengo el pelo negro, largo y liso. Tengo los ojos café.

2
Soy pelirrojo. Tengo el pelo corto y rizado. Tengo los ojos azules.

3
Tengo el pelo rubio, largo y ondulado. Tengo los ojos verdes.

4
Tengo los ojos café. Tengo el pelo castaño, largo y rizado.

4 Trabaja con tu compañero/a. Completa la conversación y practícala.

Work with your partner. Complete the conversation and practise it.

– ¿Cuántos años tienes?

– Tengo _____. ¿Y tú?

– _____.

– ¿Cuándo es tu cumpleaños?

– Mi cumpleaños es el ___ de _____. ¿ Y tú?

– Mi cumpleaños _____. ¿Dónde _____?

– Vivo en _____ en _____. ¿Y tú?

– _____.

– ¿Cuál es tu número de celular?

– Mi _____.

A ampliar

1 Escribe los miembros de la familia masculinos.

Write the masculine members of the family.

1 mi padre

1 mi madre
2 mi hermana
3 mi prima
4 soy hija única
5 mi abuela
6 mi tía

2 Escucha y corrige los números de teléfono.

Listen and correct the telephone numbers.

1 125 759 3434
2 942 117 6879
3 774 620 5158
4 303 279 6340

3 Traduce las frases.

Translate the phrases.

1 My frog is green.
2 My cats are black.
3 My lizard is pink and yellow.
4 My grandpa is chatty.
5 My aunt is kind and generous.
6 My brothers are silly.

4 Haz un sondeo. Presenta las respuestas en un gráfico.

Do a survey. Present the results in a graph.

Nombre	Vivienda	Hermanos	Hermanas	Mascotas
Marta	apartamento	0	1	gato

¿Marta, dónde vives?   Vivo en un apartamento.

Talk about my family

Say who I live with	*Vivo con mis padres y mis abuelos.*
Say if I have siblings	*Tengo un hermano y una hermana.*
Say if I don't have siblings	*No tengo hermanos.*
Say how many people are in my family	*Hay cuatro personas en mi familia.*
Say how I feel about my family	*Quiero mucho a mi familia.*
Say what jobs my family do	*Mi mama es médica.*

Talk about pets

Say what pets I have	*Tengo una lagartija y un perro.*
Say if I don't have pets	*No tengo mascota.*

Talk about colours

Ask what colour something is	*¿De qué color es?*
Say what colour an animal is	*Mi rana es verde y azul.*
Find out someone's favourite colour	*¿Cuál es tu color favorito?*
Say what my favourite colour is	*Mi color favorito es el amarillo.*

Talk about what people are like

Describe someone's height	*Mi padre es alto.*
Say what colour hair I have	*Tengo el pelo rubio.*
Say what type of hair I have	*Tengo el pelo largo y liso.*
Say what colour eyes I have	*Tengo los ojos café.*
Say who I look like	*Me parezco a mi papá.*
Describe someone else's appearance	*Es pelirrojo y tiene los ojos verdes.*
Describe my character	*Soy alegre y deportista.*
Describe someone's character	*Mi abuelita es generosa y simpática.*

Talk about how old I am and birthdays

Say how old I am	*Tengo doce años.*
Find out someone's age	*¿Cuántos años tienes?*
Say how old someone else is	*Mi padre tiene cuarenta años.*
Say when my birthday is	*Mi cumpleaños es el cinco de mayo.*
Find out someone's birthday	*¿Cuándo es tu cumpleaños?*
Say what I do on my birthday	*Hacemos una fiesta y bebemos limonada.*

Talk about where I live

Say if I live in a house or apartment	*Vivo en una casa.*
Say where I live	*Vivo en una ciudad en el norte.*
Find out where someone lives	*¿Dónde vives?*

Talk about personal details

Give my name	*Mi nombre es Luca. Mi apellido es Williams.*
Give my address	*Vivo en la Calle de las Américas, número 37.*
Give my phone number	*Mi número es 3 12 7 65 43 67.*
Find out someone's phone number	*¿Cuál es tu número de celular?*
Give my email address	*Mi correo electrónico es terrg@mimail.com.*

Palabras y frases – Unidad 2

Mi familia

abuelo (abuelito)
abuela (abuelita)
gemelos
hermano
hermana
hijo único
hija única
madre (mamá)
padre (papá)
primo
prima
tío
tía
Hay … personas en
   mi familia.
Vivo con … .
¿Quién es ese/esa?
Quiero mucho a mi
   familia.

My family

grandfather (grandpa)
grandmother (grandma)
twins
brother
sister
only child (m)
only child (f)
mother
father
cousin (m)
cousin (f)
uncle
aunt
There are …
   people in my family.
I live with … .
Who's that?
I really love my
   family.

Los profesiones

Es …
cocinero/cocinera
jubilado/jubilada
maestro/maestra
médico/médica
policía
vendedor/vendedora
veterinario/veterinaria

Professions

He's/She's …
chef
retired
teacher
doctor
police officer
salesperson
vet

Las mascotas

Tengo …
un caballo
un conejo
un gato
un loro
un pez (unos peces)
un ratón
una cobaya
una lagartija
una rana
una serpiente
una tortuga

Pets

I have …
a horse
a rabbit
a cat
a parrot
a fish (some fish)
a mouse
a guinea pig
a lizard
a frog
a snake
a turtle

Los colores

amarillo/a
anaranjado/a
azul
blanco/a
café
castaño/a
gris
morado/a
negro/a
rojo/a
rosado/a
verde
¿De qué color es?
¿Cuál es tu color
   favorito?
Mi color
   favorito es …

Colours

yellow
orange
blue
white
brown
brown [hair]
grey
purple
black
red
pink
green
What colour is it?
What's your
   favourite colour?
My favourite
   colour is …

Describir
a la gente

Soy …
Es …
Son …
alto/a
bajo/a
de estatura media
Tengo el pelo …
corto
largo
liso
ondulado
rizado
castaño
negro
rubio
Soy pelirrojo/a.
Tiene los ojos …
azules
café
verde
¿Cómo eres?
¿Cómo es?
¿Cómo son?
alegre
amable
deportista
egoísta
generoso/a
gracioso/a
hablador(a)
inteligente
perezoso/a
simpático/a
tímido/a
tonto/a

Describing
people

I am …
He/She is …
They are …
tall
short
medium height
I have … hair.
short
long
straight
wavy
curly
brown
black
blond
I am red-haired.
He/she has … eyes.
blue
brown
green
What are you like?
What is he/she like?
What are they like?
cheerful
kind
sporty
selfish
generous
funny
chatty
intelligent
lazy
nice
shy
silly

Los meses y las fechas

enero
febrero
marzo
abril
mayo
junio
julio
agosto
septiembre
octubre
noviembre
diciembre
el primero de
   octubre
el dieciséis
   de marzo
el veintidós
   de agosto

Months and dates

January
February
March
April
May
June
July
August
September
October
November
December
the first of
   October
the sixteenth of
   March
the twenty-second
   of August

¡Es mi cumpleaños!

¿Cuándo es tu
   cumpleaños?
Mi cumpleaños
   es en …
Mi cumpleaños
   es el … de …
¿Cuántos años tienes?
¿Cuántos años tiene?
Tengo (doce)
   años.
Mi hermano tiene
   (siete) años
¿Cómo celebras
   tu cumpleaños?

Hacemos una fiesta.
Comemos pizza.
Bebemos limonada.
Bailamos.
Cantamos.

It's my birthday!

When is your
   birthday?
My birthday
   is in …
My birthday is
   the … of …
How old are you?
How old is he/she?
I am (12) years
   old.
My brother is (7)
   years old.
How do you
   celebrate your
   birthday?

We have a party.
We eat pizza.
We drink lemonade.
We dance.
We sing.

Dónde vivo

Vivo/Vivimos en …
Vive en …
un apartamento
una casa
un barrio
una ciudad
un pueblo
el campo
la costa
las montañas
las afueras
el norte
el sur
el este
el oeste

Where I live

I/We live in …
He/She lives in …
an apartment
a house
a neighbourhood
a city
a town
the countryside
the coast
the mountains
the suburbs
north
south
east
west

Mis datos personales

nombre
apellido
dirección
número de teléfono/
   celular
Mi nombre es …
¿Dónde vives?
Vivo/Vivimos en …
   en la Calle (Cristóbal),
   número (16)
¿Cuál es tu número
   de teléfono/celular?
Mi número es …

My personal details

name
surname
address
phone/mobile number

My name is …
Where do you live?
I live/we live in …
   in (Cristobal) Street,
   number (16)
What is your
   phone/mobile number?
My number is …

Prueba 1

1 Escucha. Copia y completa el cuadro. (1–4)

Listen. Copy and complete the table.

Name	Age	Nationality	Appearance
Pablo	*12*	*Colombian*	*tall with short black hair*

2 Imagina que esta es tu familia. Haz una presentación para describirla a tu compañero/a.

Imagine that this is your family. Do a presentation to describe them to your partner.

3 Empareja.

Match.

1 g

1 ¿Cómo se dice *lizard* en español?
2 ¿Cuántos años tienes?
3 ¿De dónde eres?
4 ¿De qué color es?
5 ¿Cómo es tu papi?
6 ¿Dónde vives?
7 ¿Cuándo es tu cumpleaños?
8 ¿Cómo está usted?

a Es inteligente y generoso.
b Estoy más o menos.
c Soy de Costa Rica.
d Es el cinco de noviembre.
e Es verde y amarillo.
f Tengo trece años.
g Lagartija.
h Vivo en el centro de San José.

4 Completa el texto.

Complete the text.

> vivo ~~llamo~~ vivimos soy son tengo es llama

1 llamo

¡Hola! Me (1) _____ Jorge y (2) _____ en Santo Domingo, en la República Dominicana. Yo (3) _____ dominicano pero mis padres (4) _____ panameños. (5) _____ en un apartamento en el norte de la ciudad. (6) _____ un loro colorido que se (7) _____ Pepito. ¡(8) _____ muy hablador!

Prueba 2

 1 Escucha y mira. Escribe las letras. (1–6)
Listen and write the letters.

1 b

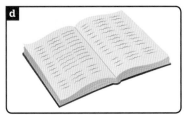
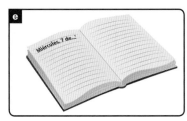

2 Habla con tu compañero/a.

Talk to your partner.

¿Cómo te llamas?

¿Cómo estás?

¿De dónde eres?

¿Cuál es tu color favorito?

¿Cuántos años tienes?

¿Cómo celebras tu cumpleaños?

¿Dónde vives?

¿Cuándo es tu cumpleaños?

¿Cómo te llamas?

Me llamo Gerardo.

3 Empareja las frases.

Match to make sentences.

1 b

1 Mi mami es	a perezosos. No hacemos deporte.
2 Mi abuelito es	b generosa. La quiero mucho.
3 Mis peces son	c verdes y amarillas.
4 Mis tortugas son	d pequeños y negros.
5 Mi maestra es	e bastante estricta e inteligente.
6 Mis amigos y yo somos	f colombiano. Es una persona muy graciosa.

4 Traduce las frases.

Translate the sentences.

1 My house is white.
2 My mum has long, brown hair.
3 My grandmother is from Nicaragua.
4 My teacher is Venezuelan.
5 My cat is shy.
6 My surname is Carter.

Prueba 3

1 Escucha y escribe los números.
Listen and write the numbers.

51

2 Mira las imágenes y habla con tu compañero/a.
Look at the pictures and talk to your partner.

| ¿De dónde eres? | ¿Dónde vives? | ¿Cuál es tu número de teléfono? | ¿Qué idiomas hablas? |

Hello!

¡Hola!

9993232678

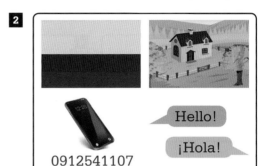

Hello!

¡Hola!

0912541107

¿De dónde eres?   Soy de México.

3 Lee el texto. Lee las frases y escribe V (verdadero) o F (falso).
Read the text. Read the sentences and write V (true) or F (false).

1 F

> Me llamo Cristóbal Colón y soy italiano. Hablo italiano, portugués y español. Soy marinero y explorador. Mi padre se llama Domenico y mi madre se llama Susanna. Mis padres son italianos también. Tengo tres hermanos y una hermana. Quiero mucho a mi familia. Vivimos en una casa pequeña en la costa en el norte de Italia.

1 Cristóbal Colon is Spanish.
2 He speaks three languages.
3 He is a sailor and a teacher.
4 His father is called Domenico.
5 His mother is called Elena.

6 His parents are Italian.
7 He has 3 sisters and 1 brother.
8 They live in a small house on the coast in the north of Italy.

4 Escribe una descripción de Ana.
Write a description of Ana.

Solicitud

Nombre: Ana
Apellido(s): Jiménez Suárez
Fecha de nacimiento: 10 de enero de 2007
Nacionalidad: venezolana
Dirección: Apartamento 2, Calle Colón, 54, Caracas, Venezuela
Aspecto: pelo castaño, ojos verdes

Prueba 4

52

1 Escucha. Copia y completa el formulario.
Listen. Copy and complete the form.

Name:	*Eduin*
Surname:	
Birthday:	
Nationality:	
Address:	
Phone number:	

2 Habla con tu compañero/a y luego presenta las repuestas al grupo.
Talk to your partner and then present his/her replies to the group.

¿Cuántos años tienes?

¿Cómo celebras tu cumpleaños?

¿Dónde vives?

¿Cuántos años tienes, David?

Tengo doce años.

David tiene doce años.

3 Copia y corrige el texto. Hay diez errores.
Copy and correct the text. There are 10 errors.

Me llamas Ofelia y es colombiana. Vivo en las afueras de Medellín con mis padre y mis abuelos. Soy hija único. Mi madre son veterinaria y en casa tenemos muchos animales: una perro café, un gato grises y un conejo negra. Mis abuelos son colombianas y habla español e inglés.

4 Escribe sobre tu abuelo o abuela. Incluye:
Write about your grandfather or grandmother. Include:
- su nombre
- su edad y su cumpleaños
- su nacionalidad
- dónde vive
- los idiomas que habla
- cómo es de carácter
- cómo es físicamente

- Identify school items
- Describe my school uniform
- Use *este* to refer to items

3.1 ¿Está todo listo?

1 Escucha, busca y repite.
53
Listen, find and repeat.

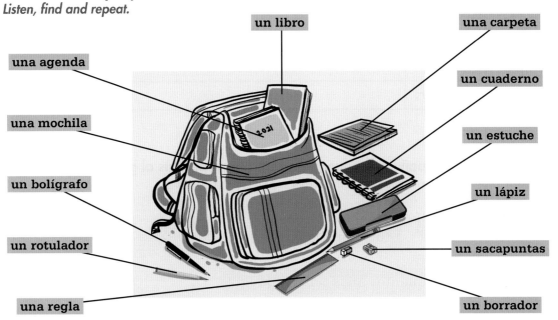

un libro

una carpeta

una agenda

un cuaderno

una mochila

un estuche

un bolígrafo

un lápiz

un rotulador

un sacapuntas

una regla

un borrador

2 Escucha y lee. Contesta las preguntas.
54
Listen and read. Answer the questions.

Anabel: ¿Estás lista para el colegio, Jacinta?
Jacinta: Sí, estoy lista. Tengo mi mochila con mi libro, mi regla, mi cuaderno y mi estuche.
Anabel: ¡Qué bien! ¿Qué hay en tu estuche?
Jacinta: Bueno, en mi estuche hay un sacapuntas, un bolígrafo y un lápiz. Y tú, Anabel, ¿estás lista?
Anabel: ¡No! No tengo bolígrafo, no tengo regla, no tengo libros, ¡no tengo nada! ¡Ayyy! ¿Dónde está mi estuche?

1 What are the girls getting ready for?
2 Is Jacinta ready?
3 List three items she has in her bag.
4 List three things in her pencil case.
5 What is Anabel looking for?

3 Túrnate en grupo. Haz una cadena.
Take turns in your group. Make a chain.

En mi mochila hay un bolígrafo.

En mi mochila hay un bolígrafo y una regla.

En mi mochila hay un bolígrafo, una regla y …

4 ¿Qué necesita cada estudiante? Escucha y mira. Escribe las letras. (1–6)

What does each student need? Listen and look. Write the letters.

1 f

a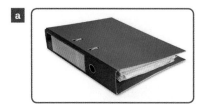

b

c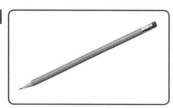

d

e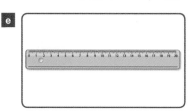

f

5 Escribe cada frase en orden.

Write each sentence in order.

1 Necesito una regla, por favor.

1 una por Necesito regla favor,.
2 mochila hay rotuladores En y unos una regla mi.
3 mi hay sacapuntas verde En estuche un.
4 ¿prestas cuaderno Me y bolígrafos unos un?
5 mochila y verde una un Tengo negra estuche.
6 ¿estuche tu hay en Qué?

¡Nota!

Remember articles and adjectives agree with nouns in gender and number.

unos libros
una regla blanca

Nouns ending in s don't change in the plural:
un/unos sacapuntas

6 Elige y escribe las palabras correctas.

Choose and write the correct words.

1 un

1 En mi estuche hay **un / una** sacapuntas.
2 En mi mochila hay **un / una** agenda.
3 Hay **unos / unas** carpetas en mi mochila.
4 ¿Me prestas un rotulador **negro / negra**?
5 Hay un estuche **verde / verdes** en mi mochila.
6 Yo **necesito / necesitas** un bolígrafo rojo, por favor.

7 Habla con tu compañero/a.

Talk to your partner.

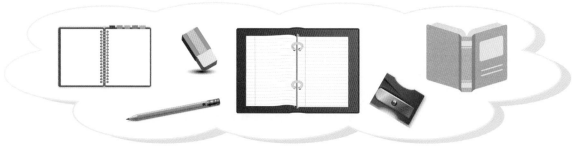

¿Qué necesitas para el colegio?

Necesito una agenda.

8 Escucha y lee. ¿Cómo son los uniformes de Paco
y Belisa?

56

Listen and read. What are Paco and Belisa's uniforms like?

Paco: un polo, …

un polo

una sudadera

un pantalón

unos zapatos

Paco

una camisa

una corbata

un suéter

una falda

unos calcetines

Belisa

Belisa: Paco, ¿Cómo es tu uniforme?
Paco: Yo llevo un polo azul, un pantalón gris, una
sudadera morada y verde, unos calcetines
blancos y unos zapatos negros. ¿Y tú, Belisa?
¿Qué llevas?
Belisa: Yo llevo una falda anaranjada, una camisa
blanca y una corbata roja, un suéter rosado,
unos calcetines amarillos y unos zapatos negros.

Gramática

llevar (to wear) is a
regular –*ar* verb.

llevo	I wear
llevas	you wear
lleva	he/she wears
llevamos	we wear
llevan	you (*plural*)/
they wear

 9 ¿Qué llevan? Escucha y mira. Escribe las letras. (1–5)

57

What do they wear? Listen and look. Write the letters.

1 b

a   b   c   d   e

10 Escribe las palabras que faltan.
Write the missing words.

negro	camisa	mixto	~~colegio~~	una	llevamos

1 colegio

Voy al (1) _____ San Ignacio en San Fernando. Es un colegio
(2) _____: es decir hay chicos y chicas. En mi escuela (3) _____
uniforme: (4) _____ corbata roja, una (5) _____ blanca, un
pantalón (6) _____ y unos zapatos negros.

11 Escucha y empareja.

Listen and match.

1 d

¿De quién …

1 es este bolígrafo?	**a** Es de Rebeca.
2 es esta corbata?	**b** Son de Juan.
3 son estos rotuladores?	**c** Son de Javi.
4 son estas carpetas?	**d** Es de Patricia.

> **Gramática**
>
> | | |
> |---|---|
> | *este bolígrafo* | this pen |
> | *estos bolígrafos* | these pens |
> | *esta regla* | this ruler |
> | *estas reglas* | these rulers |

12 Escribe las formas correctas de *este*.

Write the correct forms of este.

1 este

1 ¿De quién es _____ polo?

2 ¿De quién es _____ corbata?

3 ¿De quién es _____ suéter?

4 ¿De quién son _____ sudaderas?

5 ¿De quién son _____ zapatos?

6 ¿De quién son _____ calcetines?

13 Empareja las frases.

Match to make sentences.

1 f

1 La mochila	**a** Mónica.
2 Este bolígrafo y estuche	**b** llevamos uniforme.
3 En esta escuela	**c** un pantalón blanco.
4 ¿De quién es	**d** son de Marcelo.
5 La sudadera es de	**e** este lápiz?
6 Los alumnos llevan	**f** es de Javi.

14 ¿De quién es/son …? Habla con tu compañero/a.

Whose is this/are these? Talk to your partner.

Alberto

Carmen

Jesús

Julia   Olga

Andrés

¿De quién es este suéter?

El suéter es de Alberto.

15 Escribe respuestas.

Write replies.

- ¿En tu colegio hay uniforme? ¿Cómo es?
- ¿Qué hay en tu mochila?
- ¿Qué tienes en tu estuche? ¿Necesitas algo?

- Describe my school
- Identify things in my classroom
- Use prepositions of place

1 Escucha, busca y repite.
59 *Listen, find and repeat.*

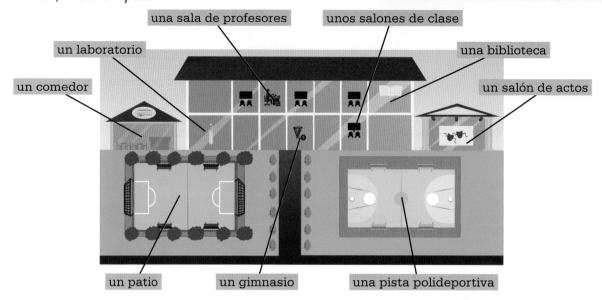

- una sala de profesores
- unos salones de clase
- un laboratorio
- una biblioteca
- un comedor
- un salón de actos
- un patio
- un gimnasio
- una pista polideportiva

2 Escucha y lee. ¿Quién tiene el colegio más grande?
60 *Listen and read. Who has the biggest school?*

Yo me llamo Gloria. Soy peruana y estudio en el Colegio Santa Madre en Lima. Es un colegio femenino y hay 100 alumnas. En mi colegio hay un gimnasio, un patio, un salón de actos, un comedor y una biblioteca grande.

Soy Francisco y soy mexicano. Mi escuela es bastante pequeña. Hay una biblioteca, un patio, un gimnasio, tres laboratorios y una sala de profesores. Es una escuela mixta y hay 65 alumnos.

Soy Pacheco y mi colegio se llama Colegio San Marcos y está en Miramar. Es un colegio masculino con aproximadamente 400 alumnos y 85 profesores. Hay muchas instalaciones: más de cien salones de clase, un gimnasio grande, una pista polideportiva, dos bibliotecas, una sala de profesores, y tres comedores.

3 Habla con tu compañero/a. Describe las instalaciones en tu colegio.
Talk to your partner. Describe the facilities at your school.

En mi colegio hay 35 salones de clase.

También hay una biblioteca.

> **Gramática**
> *estar* is used to describe where someone or something is.
> *Mi colegio está en Miramar.*
> *Los alumnos están en el gimnasio.*

4 Lee los textos. Lee las frases y escribe J (Javier), M (Marcano) o P (Pedro).
Read the texts. Read the sentences and write J (Javier), M (Marcano) or P (Pedro).
1 M

Javier — Mi apodo es Javi y voy al colegio en la ciudad. No llevamos uniforme todos los días. Mi escuela es un colegio masculino. Hay solo niños.

Voy a un colegio bastante pequeño con más o menos 50 alumnos y 10 profesores. En mi colegio llevamos uniforme: un pantalón azul con polo blanco y zapatos negros. — Marcano

Pedro — Mi colegio es muy grande. Hay muchas instalaciones como dos bibliotecas, dos pistas polideportivas, una sala enorme de profesores, dos laboratorios de ciencias y un gimnasio para ejercicio. No llevamos uniforme especial.

Who …?
1 wears a uniform to school?
2 goes to school in the city?
3 attends a relatively small school?
4 has a big staff room at his school?
5 goes to a boys' school?
6 has two libraries at his school?

5 Escribe las palabras que faltan.
Write the missing words.

| es | falda | gimnasio | biblioteca | llevamos |
| hay | polo | está | ~~colegio~~ | zapatos |

1 colegio

Mi (1) _____ se llama Colegio de Los Santos. (2) _____
en la Ciudad de Veracruz. En mi colegio (3) _____ uniforme;
una (4) _____ azul, un (5) _____ blanco, y unos
(6) _____negros. En mi escuela, (7) _____ muchas
instalaciones. Hay un (8) _____, un comedor, muchos salones de
clase, una (9) _____ y un patio. ¿Cómo (10) _____ tu escuela?

6 Escribe un párrafo sobre tu colegio.
Write a paragraph about your school.
● ¿Cómo se llama?
● ¿Dónde está?
● Describe las instalaciones.

Voy a …
Mi colegio se llama …
Es (bastante) grande/pequeño.
Está en …
(No) Llevamos uniforme.
Hay …

7 Escucha, busca y repite.
Listen, find and repeat.

61

el armario

la computadora

la estantería

la luz

la mesa

la pizarra

la papelera

la puerta

la silla

la ventana

8 Juega al *Bingo*.
Play Bingo.

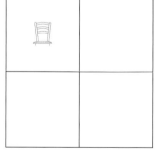

En la clase hay una silla.

9 ¿Qué hay en tu clase? Contesta las preguntas.
What is there in your classroom? Answer the questions.

1 ¿Hay una computadora en tu clase?
2 ¿Hay una papelera en tu clase?
3 ¿Cuántas ventanas hay en tu clase?
4 ¿Cuántos alumnos hay en tu clase?
5 ¿Hay una estantería en tu clase? ¿Cuántas?
6 En tu clase, ¿hay un armario?

10 Mira la imagen. Lee las frases y escribe V (verdadero) o F (falso).

Look at the picture. Read the sentences and write V (true) or F (false).

1 F

1 En la clase, hay tres computadoras.
2 Hay una ventana en la clase.
3 Hay una papelera en la clase.
4 Hay 2 pizarras en la clase.

5 Hay 15 alumnos.
6 La profesora habla con unos alumnos.

11 Escucha y señala. Escucha otra vez y representa la preposición con mímica.

Listen and point. Listen again and do an action to show the preposition.

62

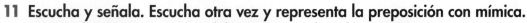

en

detrás de

sobre

delante de

debajo de

entre ... y ...

al lado de

enfrente de

12 Mira la imagen de la Actividad 10 otra vez. Elige las palabras correctas.

Look at the picture in Activity 10 again. Choose the correct words.

1 al lado de

1 La puerta está **al lado de / debajo de** la pizarra.
2 La profesora está **delante de / detrás de** la pizarra.
3 Los bolígrafos están **debajo de / sobre** la mesa.
4 La ventana está **entre / en** las estanterías.
5 La pizarra está **enfrente de / detrás de** las mesas.
6 Los libros están **en / entre** las estanterías.

> **Gramática**
> When the preposition *de* is followed by *el*, the words merge to make *del*.
> *El bolígrafo está detrás del estuche.*

13 ¿Dónde están los objetos? Escucha y escribe.

Where are the objects? Listen and write.

63

1 next to the door

1 the window
2 the computer
3 the table
4 the board

14 Escribe seis frases para describir tu clase.

Write six sentences to describe your classroom.

3.3 Me gustan los idiomas

- Talk about my subjects
- Say what day I have certain subjects
- Use *me gusta/no me gusta*

1 Escucha y escribe. ¿Qué asignaturas estudia cada persona? (1–5)
64
Listen and write. What subjects does each person study?
1 Spanish, French …

Las asignaturas en el Colegio José Luis Manuel

el arte
¡Hola!
el español
el inglés
la geografía
la religión
la tecnología
la música
las ciencias
la educación física
la informática
Bonjour!
la historia
el teatro
el francés

2 Elige una asignatura para cada estudiante.
Choose a subject for each student.
1 el español

1 Aniela va a visitar México, Perú y Costa Rica.
2 En el futuro, Marcelina va a ser artista.
3 Arturo prefiere trabajar con números.
4 Teresa toca tres instrumentos.
5 Selania usa su computadora todo el tiempo.
6 Samuel juega al básquetbol y al fútbol.

3 Escribe una frase para cada imagen.
Write a sentence for each picture.
1 Estudio música.

1 Yo

2 Sara y Fran

3 Mi hermano y yo

4 Mis primos

5 ¿Tú?

4 Túrnate en grupo. Haz una cadena.
Take turns in your group. Make a chain.

Estudio informática …

Estudio informática y matemáticas, …

5 Copia y completa los días de la semana.
Copy and complete the days of the week.

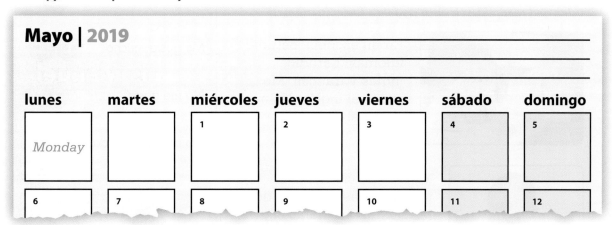

Mayo | 2019

lunes	martes	miércoles	jueves	viernes	sábado	domingo
Monday		1	2	3	4	5
6	7	8	9	10	11	12

¡Nota!
The days of the week in Spanish don't begin with a capital letter.

Gramática
Spanish uses articles to talk about things that happen on certain days.
el lunes   on Monday   *los* lunes   on Mondays

6 Escucha y repite.
65   *Listen and repeat.*

7 Escucha. Copia y completa.
66   *Listen, copy and complete.*

	lunes	martes	miércoles	jueves	viernes
arte					
educación física					
francés					
geografía					
informática	✓				
inglés	✓				
matemáticas					

8 Habla con tu compañero/a de tu horario escolar.
Talk to your partner about your school timetable.

El lunes tengo clase de matemáticas, arte y geografía.

9 Imagina tu horario ideal y escribe unas frases para describir tu día favorito.
Imagine your ideal timetable and write some sentences to describe your favourite day.

El … es mi día favorito.
Tengo …

10 Escucha y lee. ¿Cuál es la asignatura favorita de
cada alumno/a? (1–3)

Listen and read. What is each student's favourite subject?

67

En mi escuela, estudio idiomas. Estudio inglés y francés. Me gusta el inglés. No me gusta el francés.

Me gusta.

Me gusta mucho.

No me gusta.

No me gusta nada.

Yo estudio ciencias, matemáticas e informática. Me gustan las ciencias y las matemáticas. No me gusta nada la informática.

Estudio educación física. Me gustan mucho los deportes. ¡No me gustan nada las ciencias!

11 Elige las formas correctas.

Choose the correct forms.

1 gusta

1 Me **gusta / gustan** el teatro.
2 Me **gusta / gustan** las matemáticas.
3 Me **gusta / gustan** la música.
4 Las ciencias me **gusta / gustan** mucho.
5 Le educación física no me **gusta / gustan** nada.
6 El arte y la historia me **gusta / gustan** mucho.

> **Gramática**
>
> Use *me gusta* for singular items and *me gustan* for plural. Note that the definite article is included for likes and dislikes.
> *Me gusta el arte.*
> *No me gusta la tecnología.*
> *Me gustan las ciencias.*

12 Escucha y dibuja un emoji para expresar la opinión de
cada estudiante. (1–4)

68

Listen and draw an emoji to express each student's opinion.

13 Escribe las palabras que faltan.

Write the missing words.

nada	no	gustan	las	~~gusta~~	el

1 gusta

1 Me _____ la historia.
2 _____ me gusta la educación física.
3 A mí me gusta _____ arte.
4 Me gustan _____ ciencias.
5 No me gusta _____ el francés.
6 Me _____ los idiomas y el teatro.

> **¡Nota!**
>
> Use *a mí* to emphasise what you like or dislike, especially when making a comparison with someone else:
> *A mí me gustan los idiomas. Mi hermana prefiere las ciencias.*

14 Trabaja en grupo. Haz un sondeo y presenta los resultados en un gráfico circular.

Work in groups. Do a survey and present the results in a pie chart.

¿Qué asignaturas te gustan?

Me gustan mucho la música y el arte.

15 Escribe frases sobre tus asignaturas.

Write sentences about your subjects.

Estudio historia, …
Me gusta (mucho) …
No me gusta (nada) …

16 Escribe las palabras que faltan. Escucha y comprueba.

Write the missing words. Listen and check.

69

camisa	llevamos	gustan	verde	asignatura
francés	~~voy~~	falda	mucho	zapatos

1 voy

Soy Jesús y (1) _____ al Colegio Israel Domingo en Cuba. En mi colegio (2) _____ uniforme. Las chicas llevan una (3) _____ azul con una (4) _____ blanca. Los chicos llevan una camisa blanca con un pantalón (5) _____. Todos llevan (6) _____ negros. Me gusta el uniforme.

Yo estudio geografía, (7) _____, teatro y tecnología. Me gusta (8) _____ el teatro. Es mi (9) _____ favorita. Me gusta el francés, pero no me gusta nada la geografía. Tengo clase de teatro el lunes y el viernes normalmente. Los miércoles tengo clase de geografía. No me (10) _____ los miércoles.

17 Lee el texto de Actividad 16 otra vez. Contesta las preguntas.

Read the text in Activity 16 again. Answer the questions.

1 Where is Jesus' school?
2 Describe the uniform.
3 What subjects does he study?
4 Which is his favourite subject?
5 Which subject doesn't he like?
6 How does he feel about Wednesdays?

1 Escucha. ¿Dónde están las chicas? ¿Qué hora es?
Listen. Where are the girls? What time is it?

70

- Tell the time
- Give my opinion on school subjects
- Stem-changing verb preferir

2 ¿Qué hora es? Mira los relojes y escribe.
What's the time? Look at the clocks and write.
1 Son las diez.

Gramática
ser is used to tell the time in Spanish.
Es la una.   It's 1 o'clock.
Son las dos.   It's 2 o'clock.

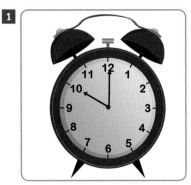

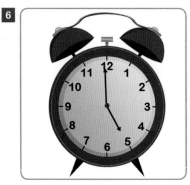

3 Túrnate con tu compañero. Di la hora y dibuja un reloj.
Take turns with your partner. Say the time and draw a clock.

Son las once.

4 Escucha. ¿Qué día es hoy? (1–5)
71   *Listen. Which day is it?*

El horario de Elena

	lunes	martes	miércoles	jueves	viernes
9:00–10:00	educación física	ciencias	inglés	español	francés
10:00–11:00	historia	español	educación física	inglés	ciencias
11–11:15	RECREO				
11:15–12	inglés	geografía	tecnología	francés	arte
12.00–12.45	ALMUERZO				
12.45–1.30	español	educación física	arte	teatro	historia
1.30–2.15	geografía	tecnología	matemáticas	matemáticas	matemáticas
2:15–3.15	ciencias	teatro	ciencias	música	religión

Gramática

Es la una y cuarto.

Son las dos y veinte.

Son las tres y media.

Tengo clase de francés a la una.
Tengo historia a las tres y media.

Son las cinco menos cuarto.

Son las seis menos diez.

 5 Escucha y escribe el horario de Ana.
72   *Listen and write out Ana's timetable.*
       9:00 arte

**6 Mira el horario de la Actividad 4 otra vez. Elige un día.
¿A qué hora tiene Elena cada asignatura? Escribe.**
Look at the timetable in Activity 4 again. Choose a day. At what time does Elena have each subject? Write.
1 A las nueve tiene educación física.

7 ¿A qué hora tienes …? Habla con tu compañero/a.
What time do you have …? Talk to your partner.

¿A qué hora tienes clase de historia hoy?

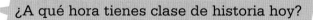

Tengo clase de historia a las diez.

8 **Lee la carta. Contesta las preguntas.**
Read the letter. Answer the questions.

Querida Esmeralda

¿Qué tal, chica? Gracias por la carta sobre tu colegio. ¡Muy interesante! Ahora, te escribo acerca de mi horario escolar. Normalmente, en mi colegio las clases empiezan a las ocho y terminan a las cuatro. Tenemos quince minutos de recreo y cuarenta y cinco minutos para el almuerzo.

El lunes es mi día favorito. Tengo clase de francés. Me gustan los idiomas y para mí el francés es fácil. Mi profesor es muy simpático y la clase es interesante y útil. Después, tengo teatro y la profesora es muy buena. El teatro es muy divertido. ¡Mira la foto! Generalmente, me gustan los lunes.

No me gusta mucho el viernes. Tengo ciencias y son muy aburridas. También tengo historia el viernes y es difícil. No me gusta nada la profesora.

¿Cómo es tu horario escolar?

Un abrazo,

Ana

---

1   What time do classes start?
2   When does the school day finish?
3   How long is the lunch break?
4   What subjects does Ana enjoy?
5   Why doesn't she like science?
6   What does she think of history?

9 **¿Cómo se dice en español? Busca las palabras y frases en la carta.**
How do you say it in Spanish? Look for the words and phrases in the letter.

1   thanks for
2   45 minutes for lunch
3   Dear
4   classes begin at
5   interesting
6   they end at
7   I like languages.
8   Love

10 **Escucha y contesta las preguntas.**
Listen and answer the questions.

73

1   How long does break last?
2   How long does lunch last?
3   Why is Wednesday the student's favourite day?
4   What subjects does the student have on Wednesday?
5   What is drama like?
6   What is the drama teacher like?

> **¡Nota!**
> Adjectives agree with the nouns they describe:
> *El profesor es simpático. La profesora es simpática.*
> *Las matemáticas son divertidas.*
>
> Some adjectives use the same form for the masculine and feminine:
> *El inglés/La historia es difícil. El inglés y la historia son difíciles.*

11 Elige las palabras correctas.
Choose the correct words.

1 divertida

1 Mi profesora de geografía es **divertido / divertida**.
2 La clase de inglés es muy **aburrido / aburrida**.
3 **Es / Son** la una y media y es la hora del almuerzo.
4 Las clases terminan a **la / las** cinco.
5 El lunes es mi día **favorito / favorita**.
6 Las ciencias son **interesante / difíciles**.

12 Lee los comentarios. Contesta las preguntas.
Read the comments. Answer the questions.

Me gusta mucho el arte. Es divertido. — Ignacio

Yo prefiero la informática. ¡Es muy fácil! — Samanta

No me gusta nada el francés. Es aburrido y difícil. — Amara

Me gusta la tecnología. Es útil. — Raúl

No me gusta la geografía. Prefiero la historia. Es muy interesante. — José

Me gusta la educación física. El profesor es bueno. — Teresa

1 Why does Jose prefer history?
2 Who thinks art is fun?
3 Why does Teresa enjoy PE?
4 What does Samanta think of IT?
5 Why does Raul like technology?
6 Why doesn't Amara like French?

Gramática

preferir is a stem-changing verb. This means the vowel in the main part of the verb changes in some forms. Note which forms change.

pref**ie**ro	I prefer
pref**ie**res	you prefer
pref**ie**re	he/she prefers
preferimos	we prefer
pref**ie**ren	you (*plural*)/ they prefer

13 Escucha y contesta las preguntas.
Listen and answer the questions.

1 ¿Cuál es el día favorito de Isabel?
2 ¿Cuánto tiempo dura su primera clase?
3 ¿Qué asignatura enseña su profesor favorito?
4 ¿Cómo es su clase?
5 ¿Quién es la señora Martín?
6 ¿Es aburrida la clase de teatro?

14 Habla con tu compañero/a.
Talk to your partner.

¿Cuáles asignaturas prefieres? ¿Cómo son?

Prefiero el teatro. Es divertido. También me gusta …

- Talk about extracurricular activities at my school
- Give details of what I do
- Use the verb *ir*

1 Escucha, busca y repite.
75
Listen, find and repeat.
En mi colegio hay ...

un club de básquetbol

un club de informática

un club de fútbol

un club de fotografía

un club de judo

un club de teatro

un club de ajedrez

un club de música

2 Escucha. Escribe los detalles para cada persona. (1–6)
76
Listen. Write the details for each person.
1 ajedrez – viernes, 3:00

club día hora

Gramática

ir (to go) is an irregular verb.
voy — I go
vas — you go
va — he/she goes
vamos — we go
van — you (plural)/they go

3 Escribe las palabras que faltan.
Write the missing words.

vas va vamos ~~voy~~ van voy

ir is a very useful verb so you should try to memorise it. Which is the best way of learning verbs for you?

1 voy

1 Yo _____ al club de teatro.
2 Mis amigos _____ al club de fotografía a las cinco.
3 Mi hermana Marisol _____ a clase de piano.
4 _____ al club de básquetbol con mi amigo Juan.
5 Mañana, mis hermanos y yo _____ a clase de guitarra.
6 ¿ _____ a clase de informática, Pablo?

4 Habla con tu compañero/a.
Talk to your partner.

¿Vas al club de teatro?

Sí, voy al club de teatro el lunes a las cuatro y cuarto.

5 Escucha y escribe los detalles para cada club. (1–6)
Listen and write the details for each club.
1 football, gym, 5:10

 club
dónde
 cuándo

6 Lee y contesta.
Read and answer.

Soy Álex y voy al Colegio San Marín en Puerto Rico. En mi colegio tenemos muchas instalaciones para hacer deportes y otras actividades extraescolares. El lunes y el miércoles, juego al fútbol después de clase. Estoy en el equipo de fútbol. Me gusta mucho el deporte y mis amigos y yo jugamos al fútbol o al básquetbol en el recreo y la hora del almuerzo. El jueves a las cuatro y cuarto voy al club de judo en el gimnasio, pero mis amigos juegan al críquet ese día. A mi amigo Rubén no le gusta el deporte. Él prefiere ir al club de teatro y también va a clase de piano después del colegio los viernes. Toca en la orquesta. Tenemos una orquesta muy buena en el colegio y muchos estudiantes van al club de música después de clase.

1 When does Alex play football after school?
2 What does he do with his friends at break?
3 What does he do on Thursdays?
4 Why doesn't his friend Ruben play football?
5 What activities does his friend Ruben do?
6 When does Ruben have piano lessons?

Gramática
jugar (to play) is another stem-changing verb. What's the verb change?

juego	I play
juegas	you play
juega	he/she plays
jugamos	we play
juegan	you (*plural*)/ they play

7 Completa las frases con las formas correctas del verbo *jugar*.
Complete the sentences with the correct form of jugar.
1 juega

1 Paco _____ al básquetbol en el parque a las ocho y media.
2 A las tres menos cuarto, Melinda _____ al fútbol.
3 Julia y Simón _____ al ajedrez a las ocho y media.
4 Lucía, Julia y yo _____ al fútbol a las seis.
5 Yo _____ al críquet el domingo.
6 ¿Tú qué deportes _____ después de clase?

Gramática
When the preposition *a* is followed by *el*, the words merge to become *al*: *Juego al fútbol.*

8 Escribe tres frases sobre tus actividades extraescolares.
Write three sentences about your extracurricular activities.

En mi colegio hay …
Voy al club de …
Juego …

9 Lee la información y escribe unas frases.
Read the information and write sentences.

El martes voy al club de fotografía con la señorita Márquez.
Es en el salón de arte a las cuatro y media. Es muy interesante.

lunes	martes	miércoles	jueves	viernes	sábado	domingo
	fotografía – señorita Márquez salón de arte 4:30 muy interesante	judo – señor Cheng gimnasio 5:30 difícil		fútbol – señor Sánchez campo 6:00 muy divertido	teatro – señorita Rueda biblioteca 10:00 fácil	

10 Lee y recomienda una actividad extraescolar de la Actividad 9 para cada estudiante.
Read and recommend an after-school activity from Activity 9 for each student.

1 el club de fotografía

1 La asignatura favorita de Pedro es el arte y quiere una actividad nueva.
2 A Ana le gustan las artes marciales.
3 Carmen es muy deportista. Los miércoles toca en la orquesta.
4 Mariluz tiene una cámara nueva y quiere aprender a tomar fotos.
5 Francisco no tiene nada que hacer los fines de semana.
6 A Sandra le gustan los deportes. No quiere una actividad difícil.

> el fin de semana
> los fines de semana
> los lunes/sábados

11 Elige las palabras correctas.
Choose the correct words.

1 gusta

1 A mí me **gusta / gustan** el teatro.
2 Me **gusta / gustan** los idiomas.
3 Yo **prefiero / prefieres** el básquetbol.
4 Me gusta **mucho / muy** la fotografía.
5 No me gusta **no / nada** el judo.
6 ¿Te **gusta / gustan** los deportes?

12 Escribe las palabras que faltan.
Write the missing words.

gusta	juego	extraescolares	al
~~hay~~	club	ajedrez	teatro

1 hay

En mi colegio (1) _____ muchas actividades (2) _____.
Hay un (3) _____ de fotografía, el club de (4) _____ y
yo (5) _____ al básquetbol. Me (6) _____ mucho el deporte.
También juego (7) _____ fútbol y al (8) _____.

13 Escucha. Lee las frases y escribe V (verdadero) o F (falso). (1–2)

Listen. Read the sentences and write.

1 V

1 On Mondays, Paco plays football at 5 at school.
2 On Tuesdays, Paco's basketball practice begins at 6.
3 On Wednesdays, Paco's IT class begins at 4.
4 On Wednesdays, Julia has drama class at 5.
5 Julia's photography club is at 5:45 pm on Fridays.
6 Julia has chess club at 5:15 on Friday afternoons.

14 Pon la conversación en orden.

Put the conversation in order.

6, …

1 Sí, me gusta mucho. Hay unos 800 alumnos y 150 profesores.
2 Sí, llevamos uniforme. Yo llevo pantalón negro con un polo blanco.
3 ¿Te gustan los profesores?
4 Son buenas generalmente. Me gustan mucho las clases de geografía, ciencias y matemáticas.
5 ¡Genial! En mi cole no hay uniforme. ¿Cómo son las clases?
6 ¡Hola, Andrés! ¿Te gusta tu nuevo colegio?
7 Son simpáticos. Mi profesor de geografía es mi favorito.
8 ¡Es grande! ¿Llevas uniforme?

15 Empareja las preguntas con las respuestas.

Match the questions and answers.

1 f

1 ¿Cómo es tu colegio?
2 ¿Llevas uniforme?
3 ¿Cuáles son tus asignaturas preferidas?
4 ¿Te gustan los profesores?
5 ¿Qué haces después de clase?
6 ¿Estás en el equipo de fútbol?

a Me gustan las ciencias
b Sí. Son muy buenos y simpáticos.
c Voy al club de informática los miércoles.
d Sí, llevo un pantalón negro y una camisa azul.
e ¡No! No soy muy deportista.
f Es pequeño. Solo hay 200 alumnos.

16 Trabaja con tu compañero/a. Elige preguntas de la Actividad 15 y practica una conversación para presentar a la clase.

Work with your partner. Choose questions from Activity 15 and practise a conversation to present to the class.

¿Cuáles son tus asignaturas preferidas?

Me gustan los idiomas.

¿Qué haces después de clase?

El martes juego al básquetbol.

MANUEL
Y CRISTINA

Manuel y Cristina son de Venezuela. A ellos les gustan muchas cosas, especialmente la música. Durante la semana van a clases regulares en el colegio pero los fines de semana, van a clase de música. La música es su asignatura favorita y los dos tocan en la orquesta de la escuela. Manuel toca el piano pero a Cristina le gusta tocar instrumentos tradicionales. Ella toca el cuatro que es una guitarra más pequeña y uno de los instrumentos asociados con el joropo, la música folclórica tradicional de Venezuela. Los dos también cantan en el **coro** de la escuela.

Su interés por la música viene del programa voluntario El Sistema, idea del venezolano José Antonio Abreu para introducir la música clásica a estudiantes. Hoy, el programa tiene mucho **éxito** por todo el mundo.

En el futuro, Manuel y Cristina van a ser parte de la orquesta nacional y tocar por toda Venezuela.

el coro	choir
el éxito	success

1 **Escribe las palabras que faltan.**

Write the missing words.

1 Manuel and Cristina go to _____ classes at the weekend.

2 Both Manuel and Cristina are part of the _____.

3 Manuel plays the _____ and Cristina plays _____.

4 The joropo is _____.

5 They both became interested in music through _____.

6 El Sistema was set up to _____.

IR A LA ESCUELA EN NICARAGUA

Nicaragua es un país centroamericano donde los estudiantes llevan uniforme para ir a clase. Tradicionalmente, es azul y blanco como los colores de la **bandera** nacional. Llevar uniforme es obligatorio.

El año escolar en Nicaragua empieza en febrero y las clases terminan normalmente en noviembre. Tienen vacaciones en noviembre y diciembre y también hay **días feriados** durante el año cuando no hay clases. En algunas escuelas públicas, hay dos grupos para ir a las clases. Un grupo va a clase por la mañana y el otro grupo va por la tarde.

La educación es **gratuita** en Nicaragua y todos los niños deben ir a la escuela primaria. Al fin de la escuela primaria, los estudiantes continúan con la escuela secundaria donde estudian para obtener su **bachillerato**.

la bandera	flag
los días feriados	public holidays
gratuito/a	free

2 Lee las frases y escribe V (verdadero) o F (falso).

Read the sentences and write V (true) or F (false).

1 Students in Nicaragua must wear uniform.
2 Their uniforms represent the national colours.
3 Students pay part of their education fees in Nicaragua.
4 After primary school, students in Nicaragua usually go on to work.
5 In some schools, students only go to school for half a day.
6 The course students follow in secondary school is called the *bachillerato*.

Mi mundo, tu mundo

Choose a Spanish-speaking country and research what uniforms the students wear. Compare it to what you wear. Look also at their timetable and list differences and similarities with your own school. Which system do you prefer and why?

A reforzar

1 Copia y completa el cuadro.
Copy and complete the table.

En mi mochila hay …	En mi estuche hay …
un cuaderno	

bolígrafo ~~cuaderno~~ lápiz libro estuche borrador
sacapuntas regla carpeta agenda rotuladores

2 ¿Dónde está? Elige las preposiciones correctas.
Where is it? Write the correct prepositions.

1 en el

1 El bolígrafo está **en el / delante del** estuche.
2 El bolígrafo está **debajo del / detrás del** estuche.
3 El bolígrafo está **debajo del / delante del** estuche.
4 El bolígrafo está **sobre el / al lado del** estuche.
5 El bolígrafo está **enfrente del / delante del** estuche.
6 El bolígrafo está **sobre el / enfrente del** estuche.

3 Escribe las palabras que faltan.
Write the missing words.

almuerzo es son ~~clases~~ gusta
divertida gustan terminan

1 clases

En este colegio, las (1) _____ empiezan a las ocho y (2) _____ a las cuatro. El recreo (3) _____ a las diez y el (4) _____ a las doce y media. A mí me (5) _____ la historia. Es (6) _____ y el profesor es muy simpático. No me (7) _____ nada las ciencias. (8) _____ muy difíciles.

4 Dibuja un plano de un colegio con etiquetas en las instalaciones. Descríbelo. Tu compañero/a lo dibuja.
Draw and label a school plan, labelling the facilities. Describe it. Your partner draws it.

Hay un gimnasio.

¿Dónde está el gimnasio?

Está enfrente de la biblioteca.

A practicar

1 Lee la información. Copia y completa el horario de José el lunes.
Read the information. Copy and complete Jose's timetable on Monday.

1 El lunes, mis clases empiezan a las 9 con una hora de música.
2 El almuerzo es de cuarenta y cinco minutos. Empieza a la una y cuarto.
3 Mi clase de biología empieza a las tres y termina a las cuatro.
4 Después de la clase de música, tengo una hora de francés.
5 Tengo un recreo de 15 minutos.
6 Tengo dos horas de matemáticas, entre las once y cuarto y la una y quince.
7 Tengo clase de geografía a las 2.
8 Las clases terminan a las 4 en mi colegio.

	LUNES	
8:00–9:00		
9:00–10:00	música	
10:00–11:00		
11:15–12:00		
12:00–13:15		
13:15–14:00		
14:00–15:00		
15:00–16:00		

2 Escucha. Lee las frases y escribe V (verdadero) o F (falso).
Listen. Read the sentences and write V (true) or F (false).

1 F

1 Pedro's school is in Santa Barbara.
2 On Mondays, Pedro has three hours of English.
3 Pedro thinks that English is fun.
4 Pedro likes his biology teacher.
5 Pedro thinks that French is useful.
6 Pedro's drama teacher is kind and he thinks the class is easy.

3 Habla con tu compañero/a. Contesta las preguntas.
Talk to your partner. Answer the questions.

¿Qué días tienes clase de ciencias?

Tengo clase de ciencias los lunes, miércoles y jueves.

¿Cómo es la clase de biología?

La clase de biología es muy aburrida.

A ampliar

1 Escucha y contesta las preguntas.

80

Listen and answer the questions.

1 What do the students at Simon's school wear?

2 Do the students of San Andrés School wear uniform?

3 What uniform does Catalina wear on a Friday?

4 Why is her uniform different on a Friday?

5 How does Manuel feel about his uniform?

6 Describe his uniform.

2 Escribe las palabras que faltan.

Write the missing words.

| fútbol | fotografía | teatro | judo | informática | ~~ajedrez~~ |

1 ajedrez

1 Los miércoles voy al club de _____. Me gustan los juegos difíciles.

2 Juego al _____. Soy bueno y marco muchos goles.

3 Me gustan mucho las obras de Shakespeare. Soy miembro del club de _____.

4 Tengo una computadora nueva. Voy al club de _____.

5 Me gustan las artes marciales. Voy al club de _____.

6 Tengo una cámara muy buena. Me gusta el club de _____.

3 Lee y contesta.

Read and answer.

1 ¿Cómo se llama el colegio?

2 ¿Qué tipo de colegio es?

3 ¿Cómo es el uniforme de las chicas?

4 ¿Cuál club es muy popular?

5 ¿Con qué frecuencia hay club de teatro?

6 ¿Qué instalaciones modernas tiene el colegio?

> www.cole...
>
> **B**ienvenidos al Colegio Martín Díaz en San Pedro. Somos un colegio mixto de más de 300 alumnos. Los chicos llevan pantalón azul con sudaderas blancas y zapatos blancos. Las chicas llevan faldas grises con camisas blancas y zapatos blancos. Todos los alumnos llevan corbatas azules también.
>
> El colegio es muy divertido aquí. Hay muchos clubs y equipos de deportes. Un club muy popular es el club de fútbol. Juegan los lunes, los miércoles y los viernes a las tres y media en el campo.
>
> También, hay un club de teatro dos veces a la semana después del colegio en el salón de actos.
>
> Tenemos muchas instalaciones modernas como una pista polideportiva, una biblioteca grande y tres laboratorios.

4 Trabaja en grupo. Haz un sondeo sobre las instalaciones de tu colegio. ¿Cuántos alumnos las usan?

Work in groups. Do a survey on your school facilities. How many students use them?

Instalación	Número de alumnos
club de ajedrez	4
comedor	
gimnasio	
laboratorio	

Talk about schoolbag items

Say what I have in my schoolbag · *En mi mochila hay una agenda.*
Say what I need · *Necesito un lápiz.*
Ask to borrow something · *¿Me prestas un rotulador verde?*

Ask and say who something belongs to

Ask who something belongs to · *¿De quién es esta mochila?*
Say who something belongs to · *Estos rotuladores son de Paco.*

Talk about my uniform

Say I wear a uniform · *Llevo uniforme.*
Say there's no uniform at my school · *En mi colegio no llevamos uniforme.*
Describe my uniform · *Llevo una falda azul y una camiseta blanca.*

Talk about my school

Say what type of school I go to · *Voy a un colegio mixto.*
Say whether my school is big or small · *Mi colegio es bastante grande.*
Say what facilities there are at
my school · *En mi colegio hay dos laboratorios.*

Talk about classroom items

Say what there is in my classroom · *En mi salón de clase hay tres computadoras.*

Talk about where things are

Say where something is · *La papelera está detrás de la puerta.*
Ask where something is · *¿Dónde están los libros?*

Talk about the subjects I study

Say what I study · *Estudio ciencias.*
Say what subjects I like · *Me gustan los idiomas.*
Say what subjects I don't like · *No me gusta (nada) la geografía.*
Say why I like a subject · *Me gusta la informática. Es útil.*
Say what subjects I prefer · *Prefiero los idiomas a las ciencias.*

Talk about the days of the week

Say the days of the week · *lunes, martes, miércoles, jueves, viernes, sábado, domingo*

Say what day I do something · *El viernes voy al club de teatro.*
Identify your favourite day and why · *El martes es mi día favorito.*
Tengo educación física.

Talk about time

Say what the time is · *Es la una y cuarto./Son las dos menos diez.*
Say at what time something is · *La clase de matemáticas es a las diez.*
Say how long break is · *Tenemos veinte minutos de recreo.*
Say when something starts · *Las clases empiezan a las nueve.*
Say when something ends · *Las clases terminan a las cuatro.*

Talk about extracurricular activities

Say what sports I play · *Juego al fútbol.*
Say what teams I belong to · *Estoy en el equipo de básquetbol.*
Say what clubs I go to · *Voy al club de ajedrez.*
Ask what activities someone does · *¿Qué actividades haces?*

Mi mochila …

My backpack

En mi mochila hay … — In my backpack there is/are …

una agenda	a diary
un bolígrafo	a pen
un borrador	an eraser
una carpeta	a folder
un cuaderno	a workbook
un estuche	a pencil case
un lápiz	a pencil
un libro	a book
una regla	a ruler
un rotulador	a marker pen/felt-tip
un sacapuntas	a sharpener
¿Me prestas (un borrador)?	Can you lend me (an eraser)?
Necesito (un lápiz).	I need (a pencil).
Estoy listo/a.	I'm ready.

La ropa

Clothes

Llevo …	I wear …
unos calcetines	socks
una camisa	a shirt
una corbata	a tie
una falda	a skirt
un pantalón	trousers
un polo	a polo shirt
una sudadera	a sweatshirt
un suéter	a sweater
unos zapatos	shoes
Llevamos uniforme.	We wear uniform.
¿De quién es (esta carpeta)?	Whose is (this folder)?
¿De quién son (estos lápices)?	Whose are (these pencils)?
Es de Jaime.	It's Jaime's.
Son de Lola.	They're Lola's.

El colegio

School

En mi cole hay … — In my school, there is/are …

unos salones de clase	classrooms
una biblioteca	a library
un comedor	a dining room
un gimnasio	a gym
un laboratorio	a laboratory
un patio	a playground
una pista polideportiva	a multipurpose court
una sala de profesores	a staff room
un salón de actos	an assembly hall
un colegio femenino/ masculino/mixto	a girls'/boys'/mixed school

Mi clase

My class

En mi clase hay … — In my class, there's …

unos alumnos	students
un armario	a cupboard
una estantería	a bookcase
una mesa	a table
una papelera	a bin
una pizarra	a board
un(a) profesor(a)	a teacher
una puerta	a door
una silla	a chair
una ventana	a window
¿Dónde está (la luz)?	Where is (the light)?
¿Dónde están (las computadoras)?	Where are (the computers)?
Está(n) …	It's/They're …
al lado de	next to
aquí	here
debajo de	under
delante de	in front of
detrás de	behind
enfrente de	opposite
en	on
entre … y …	between … and …
sobre	on (top of)

Las asignaturas

Subjects

Estudio …	I study …
arte	art
ciencias	science
educación física	PE
español	Spanish
francés	French
geografía	geography
historia	history
informática	IT
inglés	English
matemáticas	maths
música	music
religión	religion
teatro	drama
tecnología	technology
Me gusta (la música).	I like (music).
Me gustan (los idiomas).	I like (languages).
No me gusta (la historia).	I don't like (history).
No me gustan (las ciencias).	I don't like (science).
A mí me gusta (el arte).	I like (art).

Mi horario

la clase de (informática)	(IT) class
la hora del almuerzo	lunchtime
el recreo	break

¿Qué día es?	What day is it?
Es lunes/martes.	It's Monday/Tuesday.
el viernes	on Friday
los miércoles/jueves	on Wednesdays/ Thursdays
sábado y domingo	Saturday and Sunday
Hoy tengo arte a las tres.	I've got art at three today.
Mañana tenemos educación física.	We've got PE tomorrow.
El viernes es mi día favorito.	Friday is my favourite day.
Empieza a las (ocho).	It starts at (eight).
Terminan a las (tres).	It finishes at (three).
después	after

¿Qué hora es?	What's the time?
Es la una.	It's one o' clock.
Son las (dos).	It's (two) o'clock.
y	past
menos	to
y media	half past
y cuarto	quarter past
y veinte	twenty past
menos diez	ten to
menos cuarto	quarter to

Mis opiniones / My opinions

Es …	It's …
aburrido/a	boring
bueno/a	good
difícil	difficult
divertido/a	fun
fácil	easy
interesante	interesting
útil	useful
y	and
pero	but
también	also
Prefiero (el inglés).	I prefer English.

Los clubs extraescolares / After-school clubs

Voy al club de …	I go to … club
ajedrez	chess
básquetbol	basketball
fotografía	photography
fútbol	football
informática	IT
judo	judo
teatro	drama
¿Qué actividades extraescolares haces?	What extracurricular activities do you do?
Juego (al básquetbol).	I play (basketball).
Toco (la guitarra).	I play (the guitar).
Tengo clase de (piano).	I have a (piano) lesson.
Estoy …	I'm …
en el equipo de fútbol	on the football team
en la orquesta	in the orchestra

- Name and describe facial features
- Talk about parts of the body
- Form questions

4.1 ¡Soy yo!

1 **Escucha, busca y repite.**
81
Listen, find and repeat.

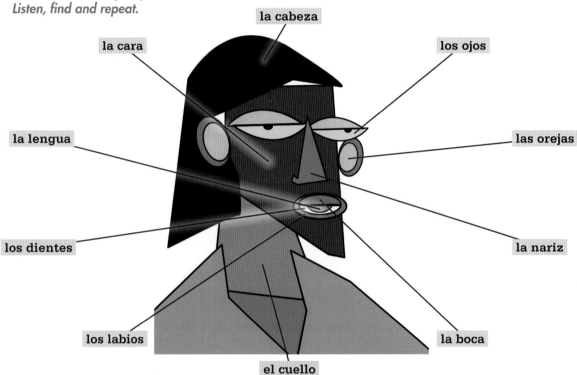

la cabeza

la cara

los ojos

la lengua

las orejas

los dientes

la nariz

los labios

la boca

el cuello

2 Empareja.
Match.

1 d

   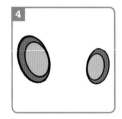 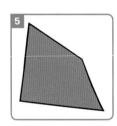

a el cuello   **b** la boca   **c** los ojos   **d** la nariz   **e** las orejas

3 Túrnate con tu compañero/a. Habla y señala la parte correcta de la cara.
Take turns with your partner. Say and point to the correct part of the face.

La nariz. Tócate la nariz.

4 ¿Quién es? Mira las imágenes. Escribe los números.
Who is it? Look at the pictures. Write the numbers.
Alicia 3, …

Alicia

Marco

Cristina

Rubén

1 Tiene el cuello largo.
2 Tiene los ojos pequeños.
3 Tiene los labios, los dientes y la lengua grandes.
4 Tiene las orejas pequeñas.
5 Tiene los ojos grandes.
6 Tiene la cabeza pequeña.
7 No tiene nariz.
8 Tiene la boca pequeña.

> **¡Nota!**
> Remember that adjectives agree. What forms of the words for 'big', 'little' and 'long' can you find in the sentences in Activity 4?

5 Escucha y dibuja la cara del monstruo.
Listen and draw the monster's face.

6 Dibuja un/una a compañero/a en el estilo cubista. Escribe una descripción sin mencionar su nombre.
Draw a classmate in the cubist style. Write a description without mentioning their name.

7 Presenta tu dibujo y tu descripción a la clase.
Present your drawing and description to the class.

Tiene las orejas grandes. ¿Quién es?

 ¿Es Pete?

8 Escucha, busca y repite.
83 *Listen, find and repeat.*

la garganta

el brazo

la espalda

los dedos

los dedos del pie

el estómago

la mano

la rodilla

la pierna

el pie

9 Juega a ¡Simón dice … ! en grupo.
Play Simon says! *in groups.*

Simón dice: ¡Tócate el brazo!

10 Escribe las vocales que faltan para completar las partes del cuerpo.
Write the missing vowels to complete the parts of the body.
1 Tengo dos brazos.
1 Tengo d_s br_z_s.
2 Tengo diez d_d_s.
3 Tengo una _sp_ld_.
4 Tengo dos p_ _rn_s.
5 Tengo dos r_d_ll_s.
6 Tengo diez d_d_s de_ p_ _.

11 Traduce las frases de la Actividad 10.
Translate the sentences in Activity 10.

¡Nota!
Some nouns don't follow the usual gender rules in Spanish.
la mano
el mapa

12 Empareja las instrucciones con las imágenes.
Match the instructions and the picture.

1 g

Coreografía

1 Bate las palmas.

2 Inclina la cabeza.

3 Dobla las rodillas.

4 Chasquea los dedos.

5 Haz una ola con los brazos.

6 Mueve el estómago y la espalda.

7 Zapatea con los pies.

8 Gira sobre una pierna.

  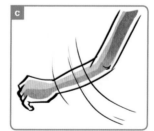 

13 Escucha y ¡baila!
Listen and dance!

14 Trabaja en grupo. Elige una canción popular e inventa la coreografía. Después, da instrucciones a la clase y ¡a bailar!
Work in groups. Choose a popular song and devise the choreography. Then, give instructions to the class and get dancing!

15 Escribe las instrucciones en el cuaderno.
Write your instructions in your exercise book.

¿Cómo te sientes?

- Say how I feel physically
- Describe my emotions
- Use *ser* and *estar*

1 Escucha y busca el emoji para cada persona. (1–7)
Listen and find the emoji for each person.

1 g

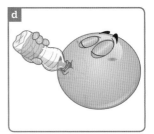

2 Escucha otra vez y repite.
Listen again and repeat.

3 Empareja las frases con los emojis de la Actividad 1.
Match the sentences and the emojis from Activity 1.

1 d

1 Tengo sed.
2 Tengo frío.
3 Estoy cansado/a.
4 Tengo calor.
5 Estoy lleno/a de energía.
6 Tengo hambre.
7 Tengo sueño.

¡Nota!

Use *estar* and *tener*
to talk about physical
feelings. *estar* is used
with adjectives and *tener*
with nouns.
Estoy cansado.
Tengo calor.

4 Túrnate con tu compañero/a.
Take turns with your partner.

¿Qué te pasa?

Tengo hambre.

5 Trabaja en grupos. Usa mímica para decir lo que
te pasa.
Work in groups. Mime how you feel.

¡Tienes calor!

6 **Escribe la conversación con frases enteras.**
Write the conversation using complete sentences.

• *¿Qué te pasa?*
– *…*

86

7 **Escucha. ¿Qué les pasa? Escribe dos descripciones para cada persona. (1–4)**
Listen. What's wrong? Write two descriptions for each person.
1 Andrés is tired and …

Andrés   Elena   Juan   Mari

8 **Lee la conversación y habla con tu compañero/a.**
Read the conversation and talk to your partner.

¿Qué le pasa a Felipe?

Felipe está lleno de energía.

9 **Escribe una conversación. Dibuja unos emojis y después escribe unas frases.**
Write a conversation. Draw emojis and then write sentences.
¿Qué te pasa?   *¿Cómo te sientes?*
Tengo …   *Estoy …*

4.2 ¿Cómo te sientes?

10 Escucha, repite y copia las expresiones faciales. (1–8)
Listen, repeat and copy the facial expressions.

87

feliz

triste

aburrida

entusiasmado

asustada

enfadado

preocupada

enojado

11 Dibuja unos emojis para expresar las emociones.
Draw some emojis to express the emotions.

1 Estoy enojado.

3 Estoy asustado.

2 Estoy feliz.

4 Estoy triste.

12 Empareja.
Match.

1 d

1 Elena
2 Jorge y Miranda
3 Pablo y yo
4 ¿Estás enfadado?
5 ¿Qué te pasa, Gloria?

a No, estoy aburrido.
b estamos preocupados.
c Estoy aburrida.
d está triste.
e están entusiasmados.

13 ¿Cómo estás? Escribe las frases para describir los emojis.

How are you? Write sentences to describe the emojis.

1 Estoy aburrido.

1 Yo

2 Jorge

3 Pedro y Sonia

4 Alex y yo

5 ¿Y tú?

14 Lee y escribe las palabras que faltan.

Read and write the missing words.

| lleno de energía | está | gusta | es |
| enfadado | jugar | ~~preocupado~~ | deportista |

1 preocupado

Alberto no quiere celebrar su cumpleaños porque tiene exámenes y está (1) _____ . (2) _____ muy inteligente y después de clase estudia en la biblioteca o va al laboratorio. Su amigo Javi es muy (3) _____ y siempre está (4) _____ . No le (5) _____ estudiar y prefiere (6) _____ al básquetbol después del colegio. Alberto siempre dice que no puede ir al polideportivo después de clase porque (7) _____ cansado. Por eso Javi está un poco (8) _____ con su amigo.

15 Decide si las frases necesitan *ser* o *estar*.

Decide if the sentences need ser *or* estar.

1 ser

1 I'm lazy.
2 They're annoyed.
3 He's generous.
4 We're worried.
5 I'm happy.
6 Are you bored?

16 Habla con tus compañeros.

Talk to your classmates.

◄ ¿Cómo eres?   Soy simpático.

◄ ¿Cómo te sientes?   Estoy triste.

> **Gramática**
>
> Spanish has two verbs for 'to be': *ser* and *estar*.
> Use *ser* to describe someone's personality.
> *Soy tímido.*   I'm shy.
> Use *estar* to describe their mood.
> *Estoy entusiasmada.* I'm excited.
> It is important to get the right verb as it can really change the meaning.
> *Está aburrido.* He's bored.
> *Es aburrido.*   He's boring.

> How can you remember the difference between *ser* and *estar*? Learn phrases. Rules can be hard to remember, but if you know *Soy simpático*, you'll remember it's *ser* for personality.

4.3 Estoy enfermo

- Talk about feeling ill
- Describe my symptoms
- Use *doler* to say something hurts

1 Escucha y busca las personas.
Listen and find the people.

88

ENFERMERA

María — Sandra — Esteban — Daniel — Katia

2 Escucha otra vez y empareja.
Listen again and match.

88

1 e

1 María	**a**	Tengo diarrea.
2 Sandra	**b**	Tengo gripe.
3 Esteban	**c**	Tengo fiebre.
4 Daniel	**d**	Estoy resfriada.
5 Katia	**e**	Tengo una insolación.

3 Escucha otra vez y escribe más detalles.
Listen again and write more details.

88

1 María – red face and arms; needs to put some cream on

4 Habla con tu compañero/a. Contesta y representa las acciones con mímica
Talk to your partner. Reply and do the actions.

¿Qué te pasa?

Estoy enfermo. Tengo fiebre.

5 Eres el médico. Lee los síntomas y diagnostica el problema.

You are the doctor. Read the symptoms and diagnose the problem.

1 b

1 Tengo calor y frío. Me siento muy mal.
2 Estoy preocupada. ¡Tengo la cara roja!
3 Tengo la nariz roja y llena de mocos.
4 Estoy enferma. ¡Ay mi estómago!

a Tienes diarrea.
b Tienes fiebre.
c Estás resfriado.
d Tienes una insolación.

6 Lee la conversación. Lee las frases y escribe V (verdadero) o F (falso).

Read the conversation. Read the sentences and write V (true) or F (false).

1 F

◐ ¿Señora Díaz?
● Sí, soy yo, doctor.
◐ ¿Qué le pasa a usted?
● Pues, no me siento bien.
◐ ¿Cómo se siente?
● Estoy muy cansada y tengo fiebre.
◐ ¿Tiene sed o hambre?
● No tengo hambre pero tengo mucha sed.
◐ Y ¿qué tal la garganta?
● ¡Muy mal!
◐ Usted tiene gripe, señora. ¡A casa con este paracetamol!
● Gracias, doctor.

1 Señora Díaz is at the pharmacy.
2 She has a cold.
3 She is thirsty but not hungry.
4 Her shoulder hurts.
5 She has flu.
6 She is told to go to hospital.

7 ¿Formal o informal? Identifica el registro de cada frase.

Formal or informal? Identify the register of each phrase.

1 formal

1 ¿Cómo se siente?
2 ¿Qué te pasa?
3 Tienes diarrea.
4 ¿Tiene calor?
5 Estás enfermo.
6 ¿Qué le pasa?

> **Gramática**
>
> In formal situations, or with adults you don't know well, use the *usted* form of the verb (third person).
> *(Usted) tiene gripe.*
> *Usted* also uses the third person pronouns:
> *¿Qué le pasa?*
> *¿Cómo se siente?*

8 Completa la conversación. Practícala con tu compañero/a.

Complete the conversation. Practise it with your partner.

1 le

◐ Buenos días, señor López.
● Hola, doctor.
◐ ¿Qué (1) _____ pasa?
● No me siento bien. Tengo calor.
◐ Sí, (2) _____ la cara y los brazos rojos.
● Tengo mucha sed.
◐ ¿Y (3) _____ cansado?
● Sí, un poco cansado.
◐ ¿(4) _____ duele la cabeza?
● ¡Me duele mucho la cabeza!
◐ Usted (5) _____ una insolación, señor.

> When you're practising dialogues like this, imagine what it's like to be the person speaking and use lots of expression to convey how you feel. This will help you remember the language.

9 **Escucha y mira. Escribe las letras. (1–8)**
Listen and look. Write the letters.

89

1 e

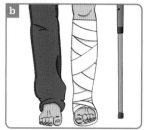
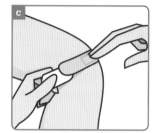
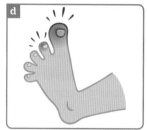

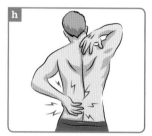

10 **Empareja las frases.**
Match to make sentences.

1 b

1	Tengo diarrea. Me duele	**a**	de espalda.
2	Tengo dolor de	**b**	el estómago.
3	Tengo gripe. Me duelen	**c**	dolor de pie.
4	Tengo dolor	**d**	la garganta.
5	Tengo sed y me duele	**e**	las piernas y los brazos.
6	Tengo	**f**	cabeza.

11 **Escribe unas frases.**
Write sentences.

1 Me duele la rodilla.

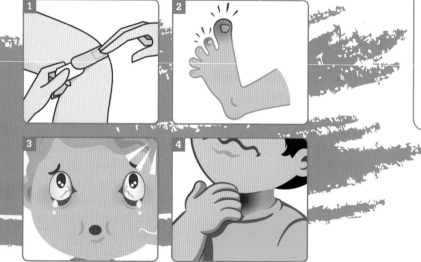

> **Gramática**
>
> There are two ways to say that something hurts in Spanish.
>
> *Tengo dolor de cabeza.*
> I have a headache.
> *Me duele la cabeza.*
> I have a headache.
>
> The verb *doler* works in the same way as *gustar*. The verb form changes depending on whether the part of the body that hurts is singular or plural.
>
> *Me duele la mano.*
> My hand hurts.
> *Me duelen los dedos.*
> My fingers hurt.
>
> *Note that doler is a stem-changing verb.*

12 Lee y contesta las preguntas.
Read and answer the questions.
1 Anabel

¿Estoy enfermo?

Publicado	respuesta
Micky	Estoy muy preocupado. Tengo dolor de cabeza y me duelen los dientes. También me duele la garganta y no quiero comer. Me siento muy mal.

Publicado	respuesta
Mayca	Estoy muy enferma. Tengo dolor de estómago y diarrea. También me duele la cabeza, pero no me duele la garganta.

Publicado	respuesta
Fernando	Me siento muy mal. Tengo gripe y me duelen los brazos, las piernas y la nariz. Estoy muy cansado y tengo fiebre.

Publicado	respuesta
Anabel	No me siento bien. Me duelen las piernas y la espalda. No me duele la cabeza, pero estoy muy cansada.

Who ...
1 has backache?
2 has a headache?
3 has stomachache?
4 is tired?

5 has toothache?
6 has a fever?
7 has a sore throat?
8 has a sore nose?

13 Lee la conversacíon. ¿Qué le pasa a Guillermo?
Read the conversation. What's wrong with Guillermo?
headache, ...

- Buenos días, Guillermo. ¿Qué le pasa?
- Estoy muy enfermo.
- ¿Qué le duele?
- Tengo dolor de cabeza y me duele la garganta.
- ¿Cómo se siente?
- Me siento muy mal. Estoy cansado y tengo calor.
- ¿Le duele el estómago?
- No, no me duele el estómago.
- Vale. Tiene gripe, Guillermo.

14 Haz conversaciones. con tu compañero/a.
Usa la conversación de la Actividad 13 como modelo.
Make up conversations with your partner. Use the conversation in Activity 13 as a model.

¡Nota!
Is Guillermo is a child or an adult? How can you tell? What would change if the patient was an older/ younger person?

4.4 ¡Es bueno para la salud!

- Talk about healthy and unhealthy food
- Talk about healthy habits
- Use negative sentences

1 ¿Comida saludable o poco saludable? Clasifica los alimentos.
Healthy or unhealthy food? Put the food in the correct category.
La comida saludable: la fruta, …

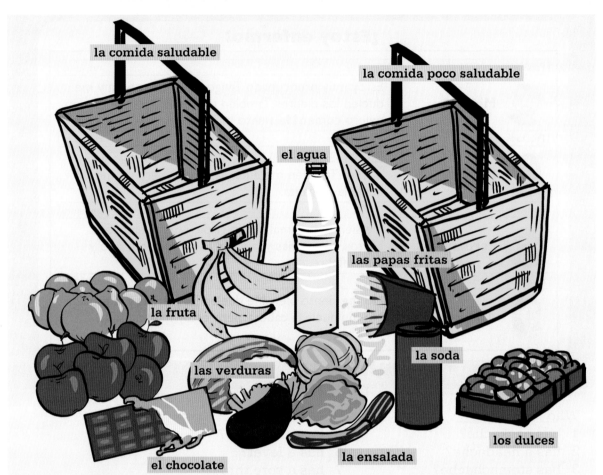

la comida saludable

la comida poco saludable

el agua

las papas fritas

la fruta

las verduras

la soda

el chocolate

la ensalada

los dulces

90

2 ¿Comen comida saludable o poco saludable? Escucha y escribe. (1–4)
Do they eat healthy or unhealthy food? Listen and write.
1 saludable

¡Sabes ...?
sodas are known as *gaseosas* in Colombia and *refrescos* in Venezuela.

3 Habla con tu compañero/a.
Talk to your partner.

¿Comes comida saludable o poco saludable?

Como comida saludable. Me gusta la fruta y bebo agua.

4 Trabaja en grupo. Crea un póster para promocionar la comida saludable.
Work in groups. Create a poster to promote healthy food.

5 **Empareja los textos con las imágenes.**
Match the texts and the pictures.

1 c

1 Como mucha comida saludable. Como cinco porciones de fruta todos los días.

2 No como mucha comida saludable porque no me gusta. Prefiero el chocolate y las papas fritas.

3 No como demasiados dulces porque no son saludables. Como ensalada y fruta.

4 Bebo mucha agua y no bebo demasiadas sodas porque me gusta estar sano. No me gusta el chocolate; prefiero la fruta.

> Use words like porque to make your Spanish more interesting and fluent.

6 **Escribe las formas correctas de *mucho/demasiado*.**
Write the correct forms of mucho/demasiado.

1 mucha

1 Como _____ fruta. (mucho)
2 Como _____ papas fritas. (demasiado)
3 Bebo _____ sodas. (mucho)
4 No como _____ verduras. (mucho)
5 Como _____ chocolate. (demasiado)
6 No como _____ ensalada. (mucho)

Gramática

When *mucho* and *demasiado* are used as adjectives, they agree in gender and number with the noun they describe.

*Como much**o** chocolate.*
I eat a lot of chocolate.
*Bebo much**a** agua.*
I drink a lot of water.
*Como demasiad**os** dulces.*
I eat too many sweets.
*No bebo demasiad**as** sodas.*
I don't drink too many sodas.

7 **Traduce las frases de la Actividad 6.**
Translate the sentences in Activity 6.

8 **Cambia el texto para un Manolo que está sano.**
Change the text for a healthy Manolo.
Me llamo Manolo y estoy sano. ...

Me llamo Manolo y no estoy sano. Como demasiadas papas fritas porque me gustan mucho. Prefiero chocolate. Bebo muchas sodas. No me gusta el agua. No como muchas verduras.

9 Trabaja en grupo. Lee y haz el sondeo.
Work in groups. Read and do the quiz.

¿Estás sano?

1 ¿Qué comes?
A Siempre como comida saludable.
B Tengo una dieta equilibrada.
C Como demasiada comida poco saludable.

2 ¿Cómo vas al cole?
A Siempre voy a pie.
B A veces voy a pie
C Siempre voy en carro.

3 ¿Cuántas horas duermes al día?
A Duermo diez horas al día. Nunca estoy cansado.
B Duermo ocho horas al día.
C No duermo lo suficiente. Siempre estoy cansado.

4 ¿Haces ejercicio?
A Sí, hago ejercicio todos los días.
B A veces practico deportes con mis amigos.
C No, nunca hago ejercicio. Soy flojo.

5 ¿Usas las escaleras?
A Sí, siempre uso las escaleras. No me gustan los ascensores.
B Depende. Cuando estoy cansado uso el ascensor.
C Nunca uso las escaleras.

6 ¿Cuántas horas al día ves la tele?
A Nunca veo la tele.
B Veo la tele una hora al día.
C Veo la tele toda la tarde.

¡Nota!

Read what this person says about how often she eats fruit and fries. What do you think *siempre* and *nunca* mean?

Como mucha comida saludable. Siempre como fruta y nunca como papas fritas.

La mayoría de las respuestas
a: ¡Estás muy sano! Comes mucha comida saludable y haces mucho ejercicio.
¡Enhorabuena!
La mayoría de las respuestas
b: Estás bastante sano. Comes una dieta equilibrada y haces ejercicio de vez en cuando.
La mayoría de las respuestas
c: ¡No estás sano! Comes demasiada comida poco saludable y no haces suficiente ejercicio. Tienes que ser más activo.

10 Usa la Actividad 9 para traducir las frases.
Use Activity 9 to translate the sentences.
1 Siempre como comida saludable.

1 I always eat healthy food.
2 I never go to school on foot.
3 I don't sleep enough.
4 I do exercise every day.
5 I never use the stairs.
6 I watch television all afternoon.

11 Escribe sobre tus hábitos. ¿Vives una vida sana o malsana?
Write about your habits. Is your lifestyle healthy or unhealthy?

Vivo una vida sana/malsana. (No) Como … (No) Bebo … (Siempre) Voy al cole …
(A veces) duermo … Hago … Veo … al día.

Vivo una vida sana/malsana.   Hago …
Como/Bebo …   Veo …
Duermo …

12 Escucha y decide quién es cada persona:
¿Matías, Valerio o Samuel? (1–3)
Listen and write who each person in the picture is –
Matías, Valerio or Samuel.

> This activity is asking you to listen for gist. You don't need to understand all the detail, just enough to be able to answer the question.

13 Escucha otra vez. Copia y completa el cuadro.
Listen again. Copy and fill in the table.

	¿Cómo va al cole?	¿Duerme lo suficiente?	¿Dieta?	¿Ejercicio?
Matías	*a pie*			
Valerio				
Samuel				

> In Activity 13, you need to listen for detail. What type of vocabulary do you have to listen for to find information you need to complete the table?

14 Escucha y completa.
Listen and complete.

1 sana

1 Laura está muy _____.
2 _____ come fruta.
3 _____ bebe sodas.
4 _____ está cansada porque duerme lo suficiente.
5 Hace ejercicio _____ con su hermana.
6 Va al cole _____.
7 Su hermano es _____.
8 Come _____ dulces.
9 _____ lo suficiente.
10 _____ ve la televisión.

> Sometimes you have to ignore some bits of information. Read the prompts. Identify what you *need* to find out so you know what to listen for.

- Say what sports I do to keep fit
- Talk about other ways to keep fit
- Use *jugar* and *practicar* for sports

1 Escucha y mira. Escribe quién habla. (1–10)
Listen and look. Write down who is talking.
1 Leia

| César | Belinda | Luis | Marga | Rodrigo |

| Luz | Emilio | Paula | Jaime | Leia |

2 ¿Qué deporte es? Escribe cada palabra en orden.
What sport is it? Write each word correctly.
1 tenis

1 inset
2 ccilimos
3 qucetrí
4 naatiócn
5 mgisnaia
6 ovleiobl
7 choeky
8 saeltiotm
9 bboléis
10 evla

3 Trabaja en grupo. Represente un deporte con mímica y el grupo adivina cuál es.
Work in groups. Mime a sport and the group guesses which one it is.

4 Haz un sondeo. Pregunta a tus compañeros qué deportes hacen.
Do a survey. Ask your classmates what sports they do.

	críquet	tenis	hockey	voleibol	béisbol	otro
Eva						

¿Qué deportes practicas?

5 **¿Juego o Practico? Copia el cuadro. Clasifica y escribe los deportes.**
Juego or Practico? Copy the table. Categorise and write the sports.

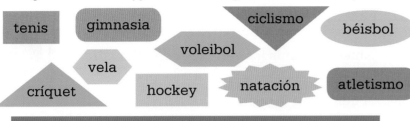

tenis
gimnasia
ciclismo
béisbol
voleibol
vela
críquet
hockey
natación
atletismo

Juego	Practico
al hockey	

Gramática

Spanish uses two verbs to talk about doing sports: *jugar* (to play) and *practicar* (to do). Generally, *jugar a* is used with ball or team games and *practicar* with other sports.
Juego al críquet.
I play cricket.
Practica la gimnasia.
She does gymnastics.

6 **Lee, copia y completa la agenda.**
Read, copy and complete the diary.

Estoy supersano y soy muy deportista. Hago deporte todos los días. ¡Me gusta mucho hacer ejercicio! Siempre estoy lleno de energía. Mi deporte favorito es el tenis. Juego al tenis los lunes y los jueves después del cole. También practico la gimnasia los sábados y la vela los domingos. Los martes, juego al voleibol con mis amigos y los miércoles, practico el ciclismo con mi hermano. Los viernes practico la natación con mi padre porque es entrenador de natación.

Monday	*tennis*
Tuesday	
Wednesday	
Thursday	
Friday	
Saturday	
Sunday	

7 **¿Qué deporte practican las chicas? Escribe una frase para acompañar el hashtag.**
What sport do the girls play? Write a sentence to accompany the hashtag.
1 Juego al críquet.

#chicasdeportistas

#chicasdeportistas

#chicasdeportistas

#chicasdeportistas

#chicasdeportistas

8 **Escribe sobre los deportes que practicas.**
Write about the sports you do.
(Los sábados) Juego …
Practico … (los jueves).

9 Lee y busca las frases en español.
Read and find the phrases in Spanish.

Juego al críquet todos los días después del cole.

Juego al tenis los sábados con mi madre.

Juego al voleibol una vez a la semana.

Practico el ciclismo dos veces a la semana.

Practico la vela tres veces a la semana.

Practico la natación los fines de semana.

1 on Saturdays
2 once a week
3 every day

4 at the weekend
5 three times a week
6 twice a week

10 Escucha. Escribe el deporte y la frecuencia para cada persona. (1–4)
Listen. Write the sport and the frequency for each person.
1 cycling, 3 times a week

94

11 Habla con tus compañeros y busca quién hace estos deportes.
Talk to your classmates and find out who does these sports.

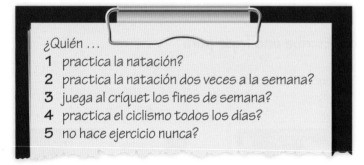

¿Quién …
1 practica la natación?
2 practica la natación dos veces a la semana?
3 juega al críquet los fines de semana?
4 practica el ciclismo todos los días?
5 no hace ejercicio nunca?

¿Haces mucho ejercicio?

¿Juegas al críquet?

¿Practicas el ciclismo?

12 Trabaja en grupo. Haz una presentación sobre los deportes que hacen los miembros del grupo.
Work in groups. Do a presentation on the sports that members of the group do.

juega al tenis
practica el ciclismo
no hace ejercicio

dos veces a la semana
los fines de semana
todos los días

13 Completa las frases.

Complete the sentences.

todos	~~vez~~	miércoles	fines	nunca	tres

1 vez

1 Mi hermano juega al hockey una _____ a la semana.
2 Practico la gimnasia los _____.
3 Hago mucho ejercicio. Practico el ciclismo _____ los días.
4 _____ juego al críquet porque es aburrido.
5 Mi mamá practica la natación _____ veces a la semana.
6 Juego al voleibol los _____ de semana.

14 Traduce las frases de la Actividad 13.

Translate the sentences from Activity 13.

15 Busca cinco países hispanoamericanos dónde se juegan estos deportes. Presenta los resultados en un cuadro.

Find five Spanish-American countries where these sports are played. Show your findings in a table.

el béisbol

el voleibol

16 Pon el correo electrónico en orden.

Put the email in order.

3, …

1 Un abrazo, Lidia
2 También practico la natación los jueves.
3 Hola, Carla
4 Y tú, ¿haces mucho deporte?
5 Juego al béisbol los fines de semana con mi prima.
6 Soy muy deportista. En mi opinión, es importante hacer ejercicio porque es sano.

17 Imagina que eres Carla. Escribe una respuesta al correo electrónico de Lidia.

Imagine you are Carla. Write a reply to Lydia's email.

¡A BAILAR ZUMBA!

La Zumba, invención del coreógrafo colombiano Beto Pérez, es una manera moderna de hacer ejercicio que es popular **a través del mundo**. Combina los ritmos intensos de la música y el baile latino con movimientos aeróbicos para una excelente **sesión de ejercicio** que usa el cuerpo **entero**.

En una clase de Zumba, con música alta y alegre de varios tipos, como la rumba, la salsa y la famosa cumbia colombiana, es fácil olvidar que estás en una clase de ejercicio. Es un modo muy divertido de **mantenerse en forma**.

Hoy en día, la Zumba es muy popular, especialmente entre los jóvenes. Por todas partes de América Latina y el mundo en general, hay muchos gimnasios y escuelas de baile que ofrecen Zumba.

a través del mundo	throughout the world
la sesión de ejercicio	workout
entero	whole
mantenerse en forma	to keep fit

1 Lee las frases y escribe V (verdadero) o F (falso).
Read the sentences and write V (true) or F (false).

1 Beto Perez's job is making up dances.
2 He uses traditional methods in his exercise programme.
3 Zumba involves dancing to loud music.
4 Zumba sessions are a fun way of keeping fit.
5 Zumba is only popular with young people in Latin America.
6 Zumba sessions are only available at major gyms.

HAY QUE COMER SANO

En muchos países latinoamericanos, comprar algo en la calle para comer es una actividad regular. Usualmente, hay muchas opciones como **vendedores** con hamburguesas, perros calientes y **dulces**. Esas no son las comidas más saludables, pero también es posible comprar algo saludable para comer en la calle.
En Venezuela y Colombia, hay muchos vendedores que venden frutas **cortadas**. Las frutas normalmente son dulces, pero hay algunas como el mango verde que están **ricas** con sal y lima. ¡Depende de tus **gustos**!
Hay también batidos de frutas **licuadas** y **merengadas** de muchos tipos que están muy buenos. ¡No todas las merengadas son saludables! Las de chocolate y crema tienen muchas calorías y no se deben tomar todos los días.
¡Debes **probar** todo si viajas a Latinoamérica!

el/la vendedor(a)	seller	el gusto	taste
los dulces	sweet things	licuado/a	blended
cortado/a	sliced/cut	la merengada	milkshake
rico/a	delicious	probar	to try

2 Lee y contesta.
Read and answer.

1 Give three unhealthy foods you can buy on the streets.
2 What healthy things can you buy from street sellers?
3 How do sellers prepare fruit for their customers?
4 What seasoning do some people add to their fruit?
5 What ingredients can make a milkshake unhealthy?
6 What should you do if you travel to Latin America?

Mi mundo, tu mundo

Find a Zumba video and do it with a group of friends.
Create your own range of healthy smoothies with your favourite local fruit.

A reforzar

1 Empareja.
Match.

1 b

1	la boca	**a**	neck
2	los dientes	**b**	mouth
3	los ojos	**c**	face
4	la nariz	**d**	tongue
5	las orejas	**e**	eyes
6	la lengua	**f**	teeth
7	el cuello	**g**	nose
8	la cara	**h**	ears

2 Elige y completa las frases.
Choose and complete the sentences.

1 al

1 Juego **al / el** críquet.
2 **Juega / Practica** la natación.
3 ¿Practicas **el / al** atletismo?
4 Mi hermano **juegas / juega** al voleibol.
5 Mis amigos **juegan al / practican el** béisbol.
6 Nunca **juego al / practico el** fútbol.

3 Escribe cada frase en orden.
Write each sentence in order.

1 No me siento bien.

1 bien No siento me.
2 ¿pasa Qué te?
3 dientes duelen los Me.
4 garganta dolor Tengo de.
5 duele y tengo estómago Me el diarrea.
6 muy porque me mal Me la duele siento cabeza.

4 Practica la conversación con tu compañero/a.
Practise the conversation with your partner.

– ¿Qué le pasa, señora?
– Me siento muy mal.
– ¿Qué le duele?
– Me duele la garganta. También tengo fiebre.
– ¿Está usted cansada?
– Sí, tengo mucho sueño.

A practicar

1 **Escucha. Lee las frases y escribe V (verdadero) o F (falso).**
Listen. Read the sentences and write V (true) or F (false).

95

1 F

1 Está feliz.
2 Juega al críquet todos los días.
3 No va al colegio a pie.
4 Tiene una dieta saludable.
5 Ve una hora de tele al día.
6 No bebe agua.

2 **Elige y escribe las formas correctas del adjetivo.**
Choose and write the correct form of the adjective.

1 asustada

1 Mi hermana está **asustado / asustada**.
2 Mis padres están **triste / tristes**.
3 ¿Qué te pasa, Emilio? ¿Estás **enfadado / enfadada**?
4 Carolina está **emocionado / emocionada**.
5 Juan y Mariela están **aburridos / aburridas**.
6 Mis amigos están **feliz / felices**.

3 **Completa las frases. Traduce las frases en negrita.**
Complete the sentences. Translate the phrases in bold.

1 Juego al hockey **twice a week**.
2 Mi hermana practica **sailing on Saturdays**.
3 Practico el ciclismo **every day with my brother**.
4 **I play tennis** una vez a la semana.
5 **We do athletics** todos los días.
6 Nunca juego **volleyball because I don't like it**.

4 **Trabaja con tu compañero/a. Describe y adivina quién es.**
Work with your partner. Play guess who.

¿Quién es?

Tiene la nariz pequeña con los ojos grandes y azules …

¿Es Martín?

A ampliar

96
1 **¡Un extraterrestre! Escucha y descríbelo.**
An alien! Listen and describe it.
It's got a big blue head,

2 **Traduce las frases.**
Translate the sentences.
1 My teeth hurt.
2 My back hurts.
3 I have a fever and my throat hurts.
4 I have a headache but I'm not hot.
5 I'm worried because my eyes hurt.
6 I'm cold and tired and I have a cold.

3 **Cambia las palabras en negrita y escribe lo contrario de cada frase.**
Change the words in bold and write the opposite of each sentence.
1 Tengo calor.
1 Tengo **frío**.
2 Estoy **llena de energía**.
3 **Nunca** hago ejercicio.
4 Ana está **feliz**.
5 Como mucha comida **saludable**.
6 Mi hermano ve la tele **todos los días**.

4 **Prepara una presentación. Incluye:**
Prepare a presentation. Include:

- qué deportes practicas
- la frecuencia con que practicas los deportes
- información sobre tu dieta
- cuántas horas duermes al día
- cómo vas al colegio
- tu opinión sobre la importancia del ejercicio

Talk about my face and body

Name facial features and body parts	*Esta es la nariz y estas son las manos.*
Describe someone's face	*Tiene la boca grande y la nariz pequeña.*
Ask who it is	*¿Quién es?*
Say who it is	*Es Felipe.*
Talk about my body	*Tengo dos brazos.*

Say how I feel physically and emotionally

Say I'm hot	*Tengo calor.*
Say I'm cold	*Tengo frío.*
Say I'm hungry and thirsty	*Tengo hambre y sed.*
Say I'm sleepy	*Tengo sueño.*
Say I'm tired	*Estoy cansado/a.*
Say I'm full of energy	*Estoy lleno/a de energía.*
Say I'm sad / happy	*Estoy triste / contento/a.*
Say I'm bored / excited	*Estoy aburrido/a / entusiasmado/a.*
Say I'm scared / annoyed	*Estoy asustado/a / enfadado/a.*
Say I'm worried / angry	*Estoy preocupado/a / enojado/a.*
Ask how someone feels	*¿Cómo te sientes?*
Ask what's wrong	*¿Qué te/le pasa?*

Talk about feeling ill

Say I don't feel very well	*No me siento bien.*
Say I'm (very) ill	*Estoy (muy) enfermo.*
Say I have sunstroke	*Tengo una insolación.*
Say I have flu	*Tengo gripe.*
Say I have a cold	*Estoy resfriado/a.*
Say I have diarrhoea	*Tengo diarrea.*
Say I have a fever	*Tengo fiebre.*
Say I have a headache	*Tengo dolor de cabeza./Me duele la cabeza.*
Say my leg hurts	*Me duele la pierna.*
Say my feet hurt	*Me duelen los pies.*

Talk about being healthy and unhealthy

Say I eat healthy/unhealthy food	*Como comida saludable/poco saludable.*
Say what I eat and drink	*Como ensalada y bebo agua.*
Say how much I eat and drink	*Como mucha carne y bebo demasiadas sodas.*
Say how I get to school	*Voy al cole a pie.*
Say how many hours I sleep	*Duermo diez horas al día.*
Say that I exercise	*Hago ejercicio.*
Say how much television I watch	*Veo la tele toda la tarde.*

Say how I keep fit

Ask what sport someone does	*¿Qué deporte practicas?*
Say what ball sport I play	*Juego al béisbol.*
Say what other sport I do	*Practico la natación.*
Say when I do sport	*Practico el atletismo los viernes.*
Say how often I do sport	*Juego al voleibol una vez a la semana.*

La cabeza y la cara — Head and face

la boca	mouth
la cabeza	head
la cara	face
el cuello	neck
los dientes	teeth
la garganta	throat
los labios	lips
la lengua	tongue
la nariz	nose
los ojos	eyes
las orejas	ears

El cuerpo — Body

el brazo	arm
los dedos	fingers
los dedos del pie	toes
la espalda	back
el estómago	stomach
la mano	hand
el pie	foot
la pierna	leg
la rodilla	knee

¿Es ...?	Is it ...?
grande	big
pequeño/a	small
largo/a	long
¿Quién es?	Who is it?

¿Cómo te sientes? — How are you feeling?

Tengo ...	I'm ...
calor	hot
frío	cold
hambre	hungry
sed	thirsty
sueño	sleepy

Estoy ...	I'm ...
aburrido/a	bored
asustado/a	scared
cansado/a	tired
enfadado/a	annoyed
enojado/a	angry
entusiasmado/a	excited
feliz	happy
lleno/a de energía	full of energy
preocupado/a	worried
triste	sad

¿Qué te pasa? — What's the matter?

Estoy (muy) enfermo/a.	I'm (really) ill.
No me siento bien.	I don't feel well.
Me siento muy mal.	I feel terrible.
Me duele (la cabeza).	My (head) hurts.
Tengo dolor de (cabeza).	I have a (headache)./ My (head) hurts.
Tengo ...	I have ...
una insolación	sunstroke
gripe	flu
diarrea	diarrhoea
fiebre	a fever
Estoy resfriado/a.	I have a cold.

Estoy sano. — I'm healthy.

Como ...	I eat ...
comida saludable	healthy food
comida poco saludable	unhealthy food
chocolate	chocolate
dulces	sweets
ensalada	salad
fruta	fruit
papas fritas	fries
verduras	vegetables
Bebo ...	I drink ...
mucha agua	a lot of water
demasiadas sodas	too many fizzy drinks
porque es/no es saludable	because it is/isn't healthy
porque son/no son saludables	because they are/aren't healthy
Voy a pie.	I go on foot.
Voy en carro.	I go by car.
No duermo lo suficiente.	I don't sleep enough.
Duermo 10 horas al día.	I sleep 10 hours a day.
Veo la televisión.	I watch television.
Practico mucho deporte.	I do a lot of sport.
Uso las escaleras.	I use the stairs.
No uso el ascensor.	I don't use the lift.
Es flojo/a.	He's/She's lazy.
nunca	never
siempre	always
todos los días	every day
toda la tarde	all afternoon

Los deportes

¿Haces mucho deporte?
¿Qué deporte practicas?
Juego …
al béisbol
al críquet
al hockey
al tenis
al voleibol

Practico …
el atletismo
el ciclismo
la gimnasia
la natación
la vela

Hacer ejercicio

No hago ejercicio.
Nunca hago ejercicio.
Es importante hacer
  ejercicio.
Practico deporte …
una vez a la semana
dos veces a la semana
los fines de semana
todos los días
los (viernes)

Sport

Do you do a lot of sport?
What sport do you do?
I play …
baseball
cricket
hockey
tennis
volleyball

I do …
athletics
cycling
gymnastics
swimming
sailing

Doing exercise

I don't do any exercise.
I never do any exercise.
It is important to do
  exercise.
I do sport …
once a week
twice a week
at weekends
everyday
on (Fridays)

Prueba 1

 1 Escucha y mira. Escribe las letras. (1–4)
Listen and choose the letters of the items they are looking for.

97

1 a

 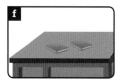 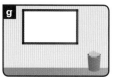 

2 Escribe frases para las cuatro imágenes que sobran de la Actividad 1.
Write sentences for the remaining four images from Activity 1.

b Los diccionarios están en …

3 Empareja cada club con el equipo.
Match each club with the equipment.

1 d

1 el club de fotografía
2 el club de teatro
3 el club de atletismo
4 el club de dibujo

a Se necesitan un polo, un pantalón corto, unos calcetines y unos zapatos de deporte.
b Se necesitan unos lápices, un borrador, un sacapuntas y papel.
c Se necesitan unos pantalones azules, una camisa azul y un sombrero
d Se necesita una cámara y una computadora portátil.

4 Mira y contesta las preguntas.
Look and answer the questions.

1 jugar al fútbol

5 practicar la natación

2 ir a la clase de piano

6 ir al club de judo

3 tener matemáticas

7 tener música

4 estudiar ciencias

8 estudiar geografía

¿A qué hora juegas al fútbol?   Juego al fútbol a las cinco.

Prueba 2

1 Escucha y empareja las actividades con los problemas. (1–6)
Listen and match the activities to the reasons why they can't do them.

1 d

2 Haz una presentación sobre tu vida escolar. Incluye:
Do a presentation about your school life. Include:

- las asignaturas que te gustan y no te gustan
- tu día favorito en el colegio
- cuándo empiezan y terminan las clases
- los clubs en los que participas

3 Empareja.
Match.

1 b

1 Duermo ocho horas al día.	a Haces mucho ejercicio.
2 Nunca hago ejercicio.	b Duermes lo suficiente.
3 Siempre tengo sueño.	c No bebes suficiente agua.
4 Practico la gimnasia cinco veces a la semana.	d No haces suficiente ejercicio.
5 Siempre tengo sed.	e No duermes lo suficiente.
6 Como papas fritas todos los días.	f Comes demasiada comida malsana.

4 Completa cada frase con la forma correcta de *gustar* o *doler*.
Complete the sentences with the correct form of gustar *or* doler.

1 gustan

1 Me _____ las matemáticas.
2 Me _____ los dientes.
3 ¿Te _____ el estómago?
4 Me _____ la geografía.
5 Hoy no me _____ la garganta.
6 A mí no me _____ las ciencias.

Prueba 3

1 Escucha. Copia y completa el cuadro. (1–6)
Listen. Copy and complete the table.

99

	Deporte	Frecuencia	Opinión
1	*voleibol*		

2 Túrnate con tu compañero/a.
Take turns with your partner.

¿Cómo te sientes?   ¿Qué te pasa?   ¿Cuántas horas duermes al día?   ¿Haces ejercicio?

3 Lee el texto. Completa las frases.
Read the text. Complete the sentences.
1 Friday

Hoy es viernes y es mi día favorito. Tengo educación física, informática, matemáticas, arte y francés. La informática es mi asignatura favorita. ¡Es útil y fácil! Nunca estoy aburrida en esta clase. Me gusta mucho la educación física y este trimestre jugamos al fútbol – mi deporte favorito. El arte es demasiado difícil y no me gusta mucho. ¡No soy creativa! **Felicia**.

1 Felicia's favourite day is _____.
2 She has PE, computing, _____.
3 Computing is _____.
4 In this class she is never _____.
5 She really likes _____.

6 This term they are playing _____.
7 She doesn't like _____.
8 She is not _____.

4 Escribe las partes del cuerpo.
Write the parts of the body.

Prueba 4

100

1 Escucha. Lee las frases y escribe V (verdadero) o F (falso).
Listen. Read the sentences and write V (true) or F (false).
1 F

1 Alfredo goes to a boys' school in Venezuela.
2 His school is quite big.
3 There is a library, a staff room and science labs.
4 There is no hall.
5 They have sports pitches but no playground.
6 They need a dining room.
7 His favourite subject is history.
8 He hates science.

2 Habla con tu compañero/a.
Talk to your partner.

¿Qué te pasa?   Estoy triste.

3 Escribe cada frase en orden.
Write each sentence correctly.
1 Voy a un colegio femenino en Guatemala.

1 Guatemala un Voy a femenino colegio en.
2 gusta Me el pero las no gustan inglés matemáticas me.
3 bicicleta al Voy días en todos cole los.
4 a un hermano Mi va masculino colegio.
5 pero Le gusta música gusta la nada le mucho no tecnología la.
6 clases Va dos a de a la guitarra semana veces.

4 Escribe un blog sobre tu colegio. Incluye:
Write a blog about your school. Include:

- el tipo de colegio
- qué hay/no hay
- las asignaturas que te gustan o no
- una descripción de un salón de clase
- lo que tienes en la mochila

5 MI VIDA cotidiana

5.1 Tiempo en casa

- Talk about the features of my house
- Say what chores are done
- Use adverbs of frequency

1 **Escucha y escribe las letras.**
Listen and write the letters.

101

e, …

a el cuarto de estudio	**b** la habitación
	c la terraza

d el baño

e el garaje **f** el comedor **g** la cocina **h** la sala **i** el jardín

2 **Mira la imagen. Después, cierra el libro. Túrnate con tu compañero/a.**
Look at the picture. Then close your book. Take turns with your partner.

¿Es la habitación? No

¿Es la terraza? Sí!

3 **Escucha y contesta las preguntas.**
Listen and answer the questions.

102

1 Does Emanuel live in a village or a city?
2 Who does he live with?
3 What kind of home do they live in?
4 How many rooms does it have?
5 What does Emanuel do on the balcony?
6 Where does Emanuel's friend Rafa live?

4 Lee la conversación. Lee las frases y escribe V (verdadero) o F (falso).

Read the conversation. Read the sentences. and write V (true) or F (false).

1 F

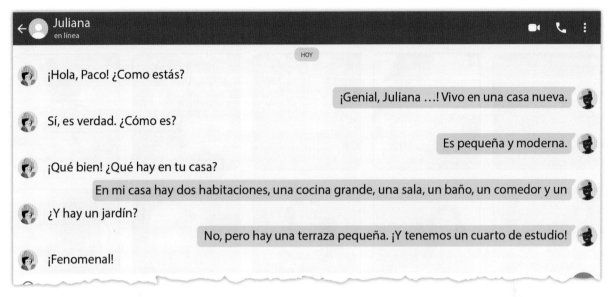

Juliana
en línea

HOY

¡Hola, Paco! ¿Como estás?

¡Genial, Juliana …! Vivo en una casa nueva.

Sí, es verdad. ¿Cómo es?

Es pequeña y moderna.

¡Qué bien! ¿Qué hay en tu casa?

En mi casa hay dos habitaciones, una cocina grande, una sala, un baño, un comedor y un

¿Y hay un jardín?

No, pero hay una terraza pequeña. ¡Y tenemos un cuarto de estudio!

¡Fenomenal!

1 Paco's new house is big.	4 There's one bathroom.
2 It's modern.	5 There's a small kitchen.
3 There are three bedrooms.	6 There's no dining room.

5 Habla con tu compañero/a.

Talk to your partner.

¿Qué hay en tu casa?

En mi casa hay una cocina pequeña, una sala grande, …

> **¡Nota!**
> Remember articles and adjectives agree with nouns in gender and number.
> *una casa pequeña y moderna*

6 Elige las palabras correctas.

Choose the correct words.

1 moderna

1 Hay una cocina **moderno / moderna**.
2 Tengo una habitación muy **pequeño / pequeña**.
3 Me gusta la casa **nuevo / nueva**.
4 El comedor y el cuarto de estudio no son **grande / grandes** en nuestra casa.
5 El apartamento de mi abuela es **blanco / blanca y azul / azules**.
6 En la ciudad de San Vela hay casas **grande / grandes y antiguas / antigua**.

7 Escribe un párrafo acerca de tu vivienda.

Write a paragraph about your home.

Vivo en …
una casa/un apartamento
Es grande/moderno/a …
Está en una ciudad/la costa/la montaña …
al lado de/entre … y …

5.1 Tiempo en casa

8 Escucha y escribe las letras.
Listen and write the letters.
103
d, …

Tengo que …

> arreglar mi habitación — planchar
> hacer la compra — poner la mesa
> lavar el carro — preparar la cena
> lavar los platos — quitar la mesa
> pasar la aspiradora — sacar la basura

9 Escribe una lista de tareas domésticas que tienes que hacer. Compara con tus compañeros.
Write a list of the chores you have to do. Compare with your classmates.

> sacar la basura
>
> …

Gramática

Use *tengo que* + infinitive to say what you need to do.

Tengo que arreglar mi habitación.
Tienes que sacar la basura.
Mi hermano *tiene que poner* la mesa.

Tengo que sacar la basura.

No tengo que sacar la basura pero tengo que planchar.

Yo también. Y tengo que lavar el carro.

10 Escribe las palabras que faltan.
Write the missing words.

| tienes | sacar | tengo | arreglar | ~~hacer~~ | que | preparar | pasar |

1 hacer

En mi casa, tengo que
(1) _____ la compra y
(2) _____ la basura.

Vivo con mis abuelos, y yo (3) _____ que
(4) _____ mi habitación, (5) _____ la
cena y (6) _____ la aspiradora.

Ayudo a mi padre. Tengo
(7) _____ lavar el carro.

¿(8) _____ que hacer muchas
tareas? ¡Yo no hago nada!

128   ciento veintiocho

11 Lee. ¿Quién hace las tareas más frecuentemente? Escribe los nombres en orden.
Read. Who does chores most frequently? Write the names in order.

Selena ◀ Plancho la ropa a veces.

Lavo el carro a menudo. ▶ Miguel

Cristina ◀ Nunca arreglo mi habitación.

Siempre saco la basura. ▶ José

Gramática

○○○○ siempre, todos los días
○○○○ a menudo
○○○○ a veces, de vez en cuando
○○○○ nunca

12 Escucha y anota la tarea de cada persona y la frecuencia con la que la hace. (1–8)
Listen and note the task each person does and how often he/she does it.
1 sacar la basura, siempre

13 Escribe las palabras que faltan.
Write the missing words.

| veces | tengo | ~~ayudan~~ | tiene | lavar | pasar | arreglar | cuando |

1 ayudan

Algunos de mis amigos nunca (1) _____ en casa pero yo (2) _____
que hacer muchas cosas. Tengo que (3) _____ los platos todos los días
y a (4) _____ ayudar a mi madre con la compra. Mi hermano siempre
(5) _____ que poner la mesa y también (6) _____ la aspiradora de vez
en (7) _____. Los dos tenemos que (8) _____ la habitación a veces.

14 Mira y escribe unas frases acerca de la familia García.
Look and write sentences about the García family.
Antonio tiene que lavar los platos a veces.

Las tareas domésticas de la familia García

M = Mamá   P = Papá   A = Antonio   S = Silvia

lunes	M	A	S	P	M	S
martes	M	S	S	P	A	S
miércoles	M	A	S	M	A	P
jueves	M	S	S	M	A	P
viernes	M	P	S	M	M	P
sábado	M	S	S	M	A	P
domingo	M	S	S	M	P	P

15 Entrevista a tu compañero/a. ¿Con qué frecuencia …?
Interview your partner. How frequently …?

¿Con qué frecuencia tienes que planchar?

Tengo que planchar todos los días.

5.2 Mi rutina típica

- Describe my morning routine
- Say what I do the rest of the day
- Use reflexive verbs

1 ¿Qué hacen por la mañana? Escucha y lee. Busca las fotos para cada persona.

What do they do in the morning? Listen and read. Find the photos for each person.

Santos: i, ...

Santos ◁ Por la mañana, me cepillo los dientes, me baño y me visto.

Generalmente, por la mañana, me despierto, me baño y me peino. ▷ **Amelia**

Víctor ◁ Todos los días, me levanto, me lavo la cara y desayuno.

A veces, hago la cama, salgo de casa y voy al colegio en bus. ◁ **Melisa**

a desayuno

b me baño

c me lavo la cara

d hago la cama

e salgo de casa

f me peino

g me despierto

h me visto

i me cepillo los dientes

j me levanto

k voy al colegio en bus

2 Túrnate en grupo. ¿Qué haces por la mañana? Haz una cadena.

Take turns in groups. What do you do in the morning? Make a chain.

Por la mañana, me despierto.

Por la mañana, me despierto y me levanto.

3 Escucha y escribe lo que hace cada persona. (1–4)

Listen and write what each person does.

1 Glorieta – showers, brushes her hair, has breakfast

Glorieta   Simón   Jaime   Teresa

Gramática

Many verbs used to talk about daily routine are *reflexive verbs* – they include a pronoun to show someone is performing the action on themselves. In the infinitive form, the pronoun *se* is added to the end, e.g. *levantarse* – to get (yourself) up.
The verb endings follow the usual patterns.
me levanto   I get up
¿*Te baños* todas las mañanas?
Do you have a shower every morning?

---

4 Escribe las palabras que faltan. Escucha y comprueba.

Write the missing words. Listen and check.

me	baño	~~despierto~~	cara
hago	salgo	desayuno	cepillo

1 despierto

¡Hola, chicos! Soy Isabel. Por la mañana,
me (1) _____ muy temprano. Después,
(2) _____ levanto y me lavo la
(3) _____. (4) _____ y me (5) _____
los dientes. Luego, me (6) _____, me visto
y me peino y (7) _____ la cama. Finalmente,
(8) _____ de casa y voy al colegio. ¡Nunca
llego tarde!

Gramática

Se viste temprano.
He gets dressed early.

---

5 Túrnate en grupo. Representa la acción con mímica.

Take turns in your group. Mime the action.

¿Te levantas?   ¡No!

¿Te vistes?   ¡Sí! Me visto.

6 Identifica y escribe los verbos reflexivos en la Actividad 4.

Identify and write the reflexive verbs from Activity 4.

me despierto, …

7 Escribe un párrafo como el de la Actividad 4 con tus detalles.

Write a paragraph like the one in Activity 4 with your details.

8 Escucha, busca y escribe las letras. (1–5)
Listen, find and write the letters.

1 b

a tomo una siesta

b almuerzo

c veo la televisión

d chateo con mis amigos

e me acuesto

f hago mis tareas

g meriendo

h ceno

i salgo con mis amigos

9 Habla con tu compañero/a.
Talk to your partner.

¿Qué haces por la tarde?

Hago mis tareas y veo la televisión.

¡Nota!

desayunar means 'to have breakfast'. Can you find three more Spanish verbs used to talk about meals?

10 Escribe los verbos que faltan.
Write the missing verbs.

| chateo | acuesto | tomo | almuerzo | ~~hago~~ | meriendo |

1 Hago

1 _____ las tareas.
2 Por la tarde, _____ con mis amigos.
3 A la una, _____ en casa.
4 Después de clase, _____ y veo la televisión.
5 Después del almuerzo, _____ una siesta.
6 Me _____ temprano.

11 Escucha y elige el reloj para cada conversación. (1–6)

Listen and choose the clock for each conversation.

1 c

12 Escribe la forma correcta del verbo *salir*.

Write the correct form of the verb salir.

1 salgo

1 Todos los días, yo _____ de casa a las ocho.

2 García y yo _____ del colegio a las cinco en punto.

3 Los profesores _____ muy tarde cada día.

4 Mi amigo Julián _____ de su casa a las ocho también.

5 ¿A qué hora _____ de casa, Francisco?

6 Lorna y Miguel _____ temprano.

13 Lee el texto de Diego y contesta las preguntas.

Read Diego's text and answer the questions.

> Por la mañana, salgo de casa a las siete y media. No quiero llegar tarde al colegio. Mi papá va a su oficina muy temprano. Él sale a las seis. Mi mamá lleva a mis hermanitos a la escuela. Sus clases empiezan a las nueve de la mañana y salen de casa a las ocho. ¡Mi mamá siempre llega tarde a su oficina!

1 What time does Diego leave home?

2 Why does Diego leave then?

3 What time does Diego's father leave home?

4 What does Diego's mother do before work?

5 What time do Diego's mother and brothers leave home?

6 Is Diego's mother usually on time for work?

14 Habla con tu compañero/a.

Talk to your partner.

¿A qué hora …

sales de casa?

almuerzas?

tomas una siesta?

te acuestas?

¿A qué hora sales de casa?

Salgo de casa a las seis y media.

Gramática

salir (to leave) is regular in the present tense apart from the 'I' form.

salgo	I leave
sales	you leave
sale	he/she leaves
salimos	we leave
salen	you (*plural*)/ they leave

If you want to specify the place someone is leaving from, use *salir de*:

Salgo de casa temprano.
I leave home early.
Salimos del colegio a las cuatro y media.
We leave school at 4:30.

¡Nota!

Remember to use *a la/a las* to say at what time you do something.
La hora del almuerzo es a la una y media.
Me acuesto a las diez.

Meriendo a las cuatro

- Talk about mealtimes
- Say what I eat for each meal
- Use verbs to refer to meals

1 Escucha y escribe la hora de cada comida.
110
Listen and write the time of each meal.
a 7:30

el desayuno

el almuerzo

la merienda

la cena

2 Lee y contesta las preguntas.
Read and answer the questions.

Durante la semana, los miembros de la familia Gómez tienen rutinas diferentes. El lunes, el señor Gómez generalmente toma el desayuno en la cocina a las 5 de la mañana. Tiene que ir al trabajo muy temprano. El miércoles, Paco y Juanpa almuerzan en casa porque no tienen clase por la tarde. Después del almuerzo hacen las tareas y salen al parque a jugar al fútbol. Cuando regresan a casa, toman la merienda. El viernes, la señora Gómez prepara la cena para toda la familia y todos hablan de sus actividades de la semana. Los sábados, la familia sale a cenar a un restaurante local y los domingos invitan a los abuelos a almorzar con ellos en casa.

1 ¿Qué hace el señor Gómez el lunes a las cinco de la mañana?
2 ¿Paco y Juanpa toman el almuerzo en el colegio todos los días?
3 ¿Cuándo hacen Paco y Juanpa las tareas?
4 ¿Qué hacen los hermanos cuando regresan a casa del parque?
5 ¿Qué hace la señora Gómez los viernes?
6 ¿Qué hace la familia los sábados por la noche?

3 Habla con tu compañero/a.
Talk to your partner.

¿A qué hora tomas el desayuno?

Generalmente, desayuno a las ocho.

4 Escribe cuatro frases sobre tus horas de comer. Después léelas y tu compañero/a escribe los detalles.
Write four sentences about your mealtimes. Then read them for your partner to write the details.
Normalmente, los días de clase desayuno a las 7:30 con mis hermanos.

Gramática

There are two ways you can talk about meals:
desayunar – tomar el desayuno
almorzar – tomar el almuerzo
merendar – tomar la merienda
cenar – tomar la cena

***Tomo el almuerzo** a las dos.*
***Almuerzo** a las dos.*

All five verbs have regular *–ar* endings: *tom**o**, tom**as**, tom**a**, tom**amos**, tom**an***. Note that *almorzar* and *merendar* are stem-changing verbs: *alm**u**erzo, mer**ie**ndo.*

Gramática

Adverbs of frequency can go at the beginning or end of a sentence.
Generalmente, no desayuno.
Almuerzo con mi familia normalmente.
Meriendo fruta frecuentemente.

---

5 Escucha y repite. ¿Cuáles de estos comes tú para el desayuno?

111

Listen and repeat. Which of these do you eat for breakfast?

el pan

los huevos

la manzana

la banana

el jugo de naranja

el chocolate caliente

la leche

el batido de mango

el yogur

las arepas

6 Lee y contesta las preguntas.

Read and answer the questions.

Soy Raúl. Los días de clase normalmente desayuno a las ocho y cuarto. Tomo un desayuno simple y sano. Frecuentemente, como un yogur y bebo un jugo de naranja. Los sábados juego al fútbol y salgo de casa a las siete y media. Me levanto, bebo un vaso de leche y como una banana en el coche. Los domingos no tengo actividades y tengo más tiempo para desayunar. Desayuno con calma. Preparo unos huevos con unas arepas, hago un batido de mango y a veces tomo un chocolate caliente. Soy deportista y para mí es importante evitar la comida no saludable.

1 What kind of breakfast does Raúl have on school days?
2 What does he often have before going to school?
3 Which day does he have a rushed breakfast? Why?
4 Why can Raúl enjoy a leisurely breakfast on Sundays?
5 What does he like to make for breakfast on Sundays?
6 Why does he prefer to eat healthily?

7 Escucha. Escribe para cada persona cuándo desayuna y qué come.

12

Listen. Write when each person has breakfast and what they eat.

Lupe 7:30, …

Lupe   Rodrigo   Graciela   Paco

8 Escribe un párrafo sobre tu desayuno.

Write a paragraph about your breakfast.

Los días de clase, desayuno a las … Como …
Los fines de semana, …

5.3 Meriendo a las cuatro

9 **Escucha y escribe las letras. (1–6)**
Listen and write the letters.

1 c, h

el sándwich de jamón/queso

el arroz

la pasta

la carne

el pollo

el pescado

las verduras

la ensalada

la pizza

las galletas

10 **Escribe cada frase en orden.**
Write each sentence in order.

1 Para la merienda como galletas.

1 galletas como Para merienda la.
2 los Todos desayuno días pan queso con.
3 gusta veces merendar A me fruta.
4 cena la tomo Para siempre huevos pan y.
5 Tomo en cafetería almuerzo el la.
6 cocina Papá la en siete las a desayuna.

> **¡Nota!**
> Use *pescado* to talk about fish as food. For fish in its natural environment, use *el pez* (plural *los peces*).

11 **Diseña comidas sanas. Escribe.**
Devise healthy meals. Write.

Para el desayuno, tomamos …

> desayuno   almuerzo   merienda   cena

12 **Entrevista a tus compañeros.**
Interview your classmates.

Nombre	Desayuno	Almuerzo	Merienda	Cena
Elisa	fruta			

¿Qué desayunas?   Desayuno fruta.

13 Lee y contesta las preguntas.
Read and answer the questions.

1 Darío

Mariali
Por la mañana, desayuno pan y huevos. Al mediodía, normalmente almuerzo un sándwich de jamón con queso y a las cinco meriendo un yogur. Generalmente, ceno una ensalada de frutas.

Todos los días, desayuno huevos. Para el almuerzo, generalmente como carne o pescado y verduras. A las tres o cuatro, meriendo unas galletas de chocolate. Por la tarde, ceno una ensalada grande con pollo.
Deandro

Viviana
Cada día, tomo un desayuno simple: pan y café. Normalmente, no meriendo, pero mis amigas meriendan todos los días. Para el almuerzo, generalmente como una ensalada con pollo. En casa, ceno pizza a veces o un sándwich de jamón o queso.

Cada mañana, como un sándwich diferente para el desayuno. A veces, desayuno pan con queso o jamón. En la cafetería del colegio, almuerzo pasta con verduras y carne. A las cuatro, meriendo una manzana, una naranja o una banana. Ceno otro sándwich, pero normalmente un sándwich de pollo.
Darío

¿Quién …
1 almuerza pasta con verduras?
2 merienda unas galletas?
3 almuerza en la cafetería del colegio?
4 toma un sándwich de jamón para la cena?
5 almuerza un sándwich?
6 no merienda?

¡No me gusta esa pizza, mamá!

14 ¡Qué familia loca! Escucha y escribe lo que desayuna, merienda y cena la familia Aymar.
What a crazy family! Listen and write what the Aymar family has for breakfast, afternoon snack, and dinner.

15 Habla con tu compañero/a. ¡Inventa unas combinaciones raras de comida!
Talk to your partner. Make up strange food combinations!

todos los días

a veces

siempre

de vez en cuando

¿Qué desayunas?

A veces desayuno pizza de chocolate.

16 Escribe sobre tus comidas preferidas.
Write about your favourite meals.
Los días de clase siempre desayuno …

5.4 ¿Necesitamos pan?

- Say what food I need
- Shop for food
- Use formal verb forms

1 Escucha y escribe ✓ o ✗. ¿Hay o no hay …?
115
Listen and write ✓ or ✗. Is/Are there any …?
la mantequilla ✓

las zanahorias

el azúcar

las nueces

la mantequilla

la harina

los huevos

2 Escucha y busca las comidas. Escribe los números en orden.
116
Listen and find the food. Write the numbers in order.
5, …

2 las uvas
3 la harina
4 el azúcar
1 la sandía
5 la naranja
6 las galletas
7 el tomate
8 la cebolla

3 Juega al Bingo de la comida.
Play Food Bingo.

Hay pan.

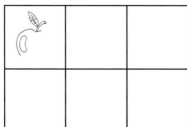

4 Escucha y lee. ¿Qué compra la señora García?

117
Listen and read. What does Mrs Garcia buy?

¡Hola, señor Márquez!

● Buenos días, señora García. ¿Qué desea?

Necesito tomates.

● Muy bien. Hay tomates rojos y grandes.

¡Qué bien! Deme un kilo de tomates, por favor.

● Un kilo de tomates. ¿Algo más?

Sí, necesito medio kilo de cebollas. ¿Hay sandía?

● No, lo siento. No hay sandía hoy, pero hay melón delicioso.

Bueno, deme un melón entonces.

● ¿Algo más?

No, nada más, gracias.

5 Elige las formas correctas.
Choose the correct forms.
1 desayunas

1 Maritzia, ¿tú qué **desayuno / desayunas** normalmente?
2 Pedro, ¿dónde **meriendas / meriendan** tus amigos?
3 ¡Buenos días, profesor! ¿Qué **necesitas / necesita**?
4 ¡Hola, señora Valdez! ¿Qué **desea / desean**?
5 Mamá, ¿**necesitamos / necesitan** huevos?
6 ¡Buenos días, señor Blanco! **Dame / Deme** un kilo de manzanas.

6 Escribe las palabras que faltan.
Write the missing words.

nada	desea	deme	kilo	más	~~está~~

1 está

¡Hola, Sr. Mateos! ¿Cómo (1) _____?
● Muy bien, gracias. ¿Qué (2) _____?
(3) _____ cuatro manzanas y dos naranjas, por favor.
● OK, ¿Algo (4) _____?
Sí, medio (5) _____ de uvas, por favor.
● ¿Algo más?
No, no. (6) _____ más.

7 Ten una conversación con tu compañero/a. Usa la Actividad 6 para ayudarte.
Have a conversation with your partner. Use Activity 6 to help you.

Gramática
In Spanish, different verb forms are used for 'you' depending on the formality of the situation.
• informal (with a friend or adult you know): use the *tú* form
• formal (with an adult you don't know/in a position of authority): use the *usted* form
In a shopping transaction, you are more likely to hear formal forms. *usted* (formal you) uses the 3rd person of the verb.
¿Qué desea?
What would you like? [formal present tense]
Deme …
Give me … [formal imperative]

¡Nota!
Read the dialogue again. Find the Spanish for 'Anything else?' and 'That's all, thanks.'

5.4 ¿Necesitamos pan?

8 ¿Cuánto cuesta(n)? Escucha y escribe el precio. (1–6)

How much are they? Listen and write the price.

1 Cuestan 8 dólares.

> **Gramática**
>
> To ask about price, use ¿*Cuánto cuesta?* for one thing and ¿*Cuánto cuestan?* for more.
> ¿*Cuánto* cuesta *la torta?*
> ¿*Cuanto* cuestan *las galletas?*

> *una docena de*
> *un kilo/medio kilo de*

9 Completa las frases con *cuesta* o *cuestan*.

Complete the sentences with cuesta *or* cuestan*.*

1 cuesta

1 La ensalada de frutas _____ ocho dólares.
2 Las verduras _____ mucho dinero.
3 Un kilo de manzanas _____ 10 dólares.
4 Dos kilos de bananas _____ 24 dólares.
5 ¿Cuánto _____ estos huevos, señor?
6 El sándwich _____ cinco dólares.

10 Lee. ¿Qué tipo de tienda utiliza este tipo de folleto?

Read the flyer. What type of shop uses this kind of flyer?

11 Lee el folleto de la Actividad 10 otra vez. Contesta las preguntas.

Read the flyer in Activity 10 again. Answer the questions.

1 ¿Cómo se llama el supermercado?
2 ¿Qué promocionan en el folleto?
3 ¿Qué fruta hay en este supermercado?
4 ¿Qué cuestan más aquí, las frutas o las verduras?
5 ¿Qué cuatro ingredientes hay para hacer una torta?
6 ¿Qué carne hay en el supermercado?

12 Escribe cuánto cuestan estos productos del folleto.

Write how much these items from the flyer cost.

1 Dos bolsas de azúcar cuestan $12.

1 dos bolsas de azúcar
2 un kilo de uvas
3 diez naranjas
4 una botella de aceite
5 dos lechugas
6 cinco kilos de papas

13 Escribe una lista de lo que necesitas para preparar tu pizza favorita. ¿Cuánto cuesta en total?

Write a list of what you need to prepare your favourite pizza. How much is it in total?

Para preparar mi pizza, necesito:

harina $8

sal ...

¡En total necesito ... dólares!

14 Habla con tu compañero/a. Practica una conversación usando la información del folleto.

Work with your partner. Practise a conversation using the information in the flyer.

Por favor, ¿cuánto cuestan las manzanas?

Cuestan diez dólares el kilo.

5.5 ¡Hace sol!

● Describe the weather
● Say what I wear in different weather
● Use conjunctions

 1 Escucha, repite y representa con mímica.
119   *Listen, repeat and mime.*

> ¿Qué tiempo hace hoy? ¿Hace buen tiempo o mal tiempo? A ver …

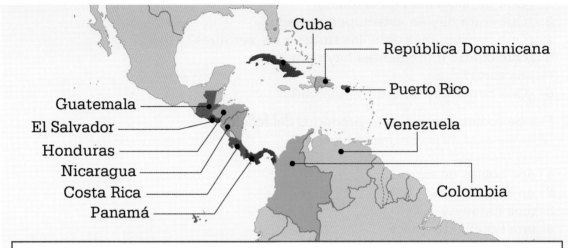

a Hace calor.	**d** Hace fresco.	**g** Hay un huracán.
b Hace sol.	**e** Hace viento.	**h** Hay niebla.
c Hace frío.	**f** Hay tormenta.	**i** Llueve.

**2 ¿Qué tiempo hace en …? Escucha y mira los símbolos
en la Actividad 1. Escribe las letras. (1–9)**
120   *What's the weather like in …? Listen and look at the symbols in
Activity 1. Write the letters.*

> Most of the weather
> expressions use two verbs.
> What are they? How can
> you remember which verb
> to use?

3 Escribe las palabras que faltan.
   Write the missing words.

niebla	frío	~~calor~~	sol	tormenta	viento

1 calor

1 Hace _____. ¡Bebe mucha agua!
2 Hay _____. ¡Está lloviendo muchísimo!
3 ¡No veo nada! Hay mucha _____.
4 Hace buen tiempo. Hace _____ pero no hace
   demasiado calor.
5 Necesito una chaqueta porque hace _____.
6 Hay un huracán. ¡Hace mucho _____!

> **¡Nota!**
> If you want to draw
> attention to the fact it's
> happening <u>now</u>, you can
> use *está lloviendo* instead
> of *llueve*.

4 Habla con tu compañero/a. ¿Qué tiempo hace en …?
   Talk to your partner. What's the weather like in …?

> ¿Qué tiempo hace en Honduras hoy?

> En Honduras, hoy hace frío.

5 Escucha y contesta las preguntas.
Listen and answer the questions.

> Hace mal tiempo.
> Hace buen tiempo.
> Nieva.
> Está nevando.
>
> hoy
> mañana
> esta mañana/tarde
> por la mañana
> por la tarde

1 ¿Qué tiempo hace hoy en las islas del Caribe?
2 ¿Por qué hace mal tiempo en la zona?
3 ¿Cómo está el tiempo en Puerto Rico?
4 ¿Qué efectos tiene el huracán en Venezuela?
5 ¿Qué tiempo hace esta mañana en Cuba?
6 ¿Cuándo llegan los efectos del huracán a Cuba?

6 Elige las palabras correctas.
Choose the correct words.
1 hay

1 En Santo Domingo, **hace / hay** tormenta.
2 **Hace / Hay** buen tiempo en Santa Gracia.
3 **Está / Hace** sol en Granada.
4 En la ciudad, está **nevando / llueve**.
5 En la estación de lluvias, **llueve / lloviendo** mucho.
6 ¿Qué tiempo **hacer / hace** esta mañana?

7 Escribe sobre el tiempo en la estación seca y la estación de lluvias de tu país.
Write about the weather in the dry and rainy seasons in your country.
En la estación seca normalmente …
Pero en la estación de lluvias normalmente …
Prefiero … porque …

¿Sabes …?
In the Caribbean, there are two main weather seasons:
la estación de lluvias – the rainy season
la estación seca – the dry season

8 Traduce las frases.
Translate the sentences.
1 In my town, it's often sunny.
2 Is it hot in San Juan today?
3 In San Francisco, there's a storm.
4 The weather's bad.
5 There's a hurricane. It's very windy.
6 Is it raining a lot?
7 It's always foggy in the mountains.
8 The weather's usually good.

¡Nota!
Use *mucho* to describe the intensity or frequency of a noun or verb.
Hace **mucho** *calor.*
It's very hot.
Llueve **mucho**.
It rains/is raining a lot.

9 ¿Qué llevan? Escucha, mira y escribe.
122   *What are they wearing? Listen, look and write.*
Pablo is wearing a purple t-shirt, ...

a
b
c
d

Pablo

e
f
g

María

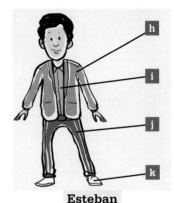

h
i
j
k

Esteban

Pablo is wearing a purple _____, a black
_____, blue _____ and green _____.

María is wearing yellow _____, a red _____,
and a pink _____.

Esteban is wearing a grey _____, blue _____,
an orange _____ and white _____.

> **¡Nota!**
> *llevar* (to wear)
> is a regular –*ar*
> verb. What are
> the endings?
> Check on p. 185.

10 Escribe las palabras que faltan.
Write the missing words.

| lleva | está | llevo | ~~hay~~ | bluejeans |
| sandalias | vestido | chaqueta | | |

> **¿Sabes ...?**
> Another word for
> *bluejeans* is *vaqueros*.

1 Hay

1 _____ tormenta. No salgo de casa.
2 Mi mamá lleva un _____ para ir a la iglesia.
3 Hace fresco y voy a llevar esta _____.
4 Gabriel _____ unos shorts porque hace sol.
5 Yo _____ una camiseta. Hace buen tiempo hoy.
6 Ignacio, ¿Adónde vas? _____ lloviendo mucho ahora.
7 Hace mucho calor. Voy a llevar las _____.
8 Los sábados me gusta llevar _____.

11 Inventa una línea de ropa para cuando hace buen/mal tiempo.
Describe la ropa. ¡Sé creativo/a!
Create a clothing line for good/bad weather. Describe the clothes. Be creative!
*Cuando hace mal tiempo llevo un pantalón, unos tenis negros, una
sudadera roja, ...*

12 Habla con tus compañeros/as. Presenta tu
línea de ropa a la clase.
*Talk to your classmates. Present your clothing line
to the class.*

Cuando hace calor llevo unos shorts
morado, unas chancletas amarillas y
un sombrero anaranjado.

13 Lee y contesta las preguntas.
Read and answer the questions.

No hay leche. Alejandra, vete a la tienda. Y compra pan también.

● ¡Ay, mamá! Está lloviendo y estoy cansada.

Bueno, pues lleva la chaqueta y ponte una gorra.

● No me gusta salir de casa cuando hace mal tiempo.

Bueno, pero necesitamos leche y pan para el desayuno.

● ¿Por qué no va David?

¡Alejandra! Tu hermano está haciendo las tareas.

● ¡Vale, mamá! Voy ahora … pero llueve mucho.

1 What does her mother ask Alejandra to do?
2 Why doesn't Alejandra want to go out?
3 What does her mum suggest she wears in the rain?
4 What doesn't Alejandra like doing when the weather's bad?
5 Why do they need bread and milk?
6 Why can't her brother go instead of her?

14 Usa conjunciones para completar las frases.
Use conjunctions to complete the sentences.

1 pero

1 Tengo que arreglar mi habitación _____ no quiero.
2 Mi mamá va al supermercado _____ yo no quiero ir.
3 Yo tengo que sacar la basura _____ mi hermano tiene que poner la mesa.
4 Yo no como carne _____ soy vegetariana.
5 Me gusta llevar los tenis _____ hace sol.
6 Hoy llevo unos shorts _____ hace mucho calor.

Gramática

y	and
cuando	when
pero	but
porque	because

Llevo una chaqueta. Hace frío. → *Llevo una chaqueta porque hace frío.*
Hace viento. Quiero ir a la playa. → *Hace viento pero quiero ir a la playa.*

15 Túrnate en grupo. Completa las frases de tus compañeros.
Take turns in your group. Finish your classmates' sentences.

Make your writing and speaking more interesting by using conjunctions.

No me gusta salir cuando …   … llueve.

Llevo chancletas porque …   … hace mucho calor.

la cachapa	savoury corn pancake
hecho de maíz	(made of) corn
se sirve ...	... is served
el conocimiento	knowledge
sabroso/a	delicious

LA CACHAPA VENEZOLANA

La cachapa es un plato tradicional de Venezuela principalmente **hecho de maíz**. Normalmente, hay queso en la cachapa, pero a veces hay carne o cerdo. **Se sirve** cachapa en restaurantes locales, pero la cachapa más deliciosa es la cachapa preparada en casa con el amor y el **conocimiento** de una abuelita venezolana. La cachapa se toma para el desayuno o la cena, pero también es una merienda popular en las zonas rurales.

Para preparar una cachapa deliciosa, es necesario tener los ingredientes específicos. La cachapa lleva azúcar, mantequilla, sal, leche y el ingrediente esencial, harina de maíz. Tradicionalmente, se sirve con queso de mano o de vez en cuando queso blanco. La cachapa es absolutamente **sabrosa**. Si vas a visitar Venezuela, tienes que comer una cachapa.

1 **Lee las frases y escribe V (verdadero) o F (falso).**
Read the sentences and write V (true) or F (false).

1 The main ingredient of cachapa is cassava.
2 Cachapa sometimes has cheese in it.
3 Local restaurants serve the best cachapas.
4 Cachapas are usually served only for breakfast.
5 In the country, people like to have cachapas for lunch.
6 The main ingredients for a cachapa are: sugar, butter, milk and cornflour.

LAS PLAZAS EN LA CULTURA HISPANA

Las plazas forman un aspecto importante de **la vida cotidiana** de muchos latinoamericanos. Por las tardes, generalmente hay mucha gente en las plazas. Después de las clases o del trabajo, muchas personas van a las plazas para relajarse y **tomar algo** con los amigos. Normalmente, en las plazas hay vendedores con helados y una variedad de especialidades locales y otras comidas como perros calientes y arepas. También, se puede bailar porque hay música y a veces grupos musicales **en vivo**.

Una plaza famosa en México se llama el Zócalo o la Plaza de la Constitución. Tiene una historia rica de los Aztecas y **la época precolonial**.

la plaza	(town) square
la vida cotidiana	daily life
tomar algo	to have something to eat/drink
en vivo	live
la época precolonial	precolonial era

2 Lee y contesta las preguntas.
Read and answer the questions.

1 How do Latin Americans view their squares?
2 Why do people go to squares?
3 What do street vendors sell in the squares?
4 What else do people do in these squares?
5 What is another name for Mexico's el Zocalo?
6 What influences can be seen in el Zocalo?

Mi mundo, tu mundo

Is there a famous square in your town or country?
Where do people go to socialise after school or work in your country?

Otra vez

A reforzar

1 Empareja las frases con las imágenes.
Match the sentences and the pictures.
1 d

1 ¿Cuántos baños hay?
2 El jardín es pequeño.
3 ¿Hay un garaje?
4 Hay una cocina moderna.
5 ¿Las habitaciones son grandes?
6 Este es el cuarto de estudio de
mi madre.

2 Escribe las palabras que faltan.
Write the missing words.

hay	salgo	hace	~~frío~~	está	gorras

1 frío

1 Llevo un suéter porque hace
mucho _____.
2 Silvia va a la playa y lleva un
sombrero porque _____ sol.
3 _____ tormenta hoy.
4 Martín y Luis llevan _____
porque llueve.
5 Cuando hace mal tiempo, no
_____ de casa.
6 Hace viento y _____ lloviendo.

3 Elige las palabras correctas.
Choose the correct words.
1 hace

1 Hoy **hace / hay** mucho calor en
la ciudad.
2 **Hace / Hay** niebla en mi pueblo.
3 **Hace / Hay** fresco en
Puerto España.
4 ¿Qué tiempo **hace / hay**?
5 Minerva dice que **hace / hay**
buen tiempo en el campo.
6 **Hay / Está** lloviendo.

4 Habla con tu compañero/a.
Talk to your partner.

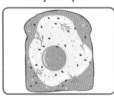

¿Qué almuerzas?

Para el almuerzo,
como una pizza
y una ensalada.

A practicar

1 ¿Qué tareas hacen y con qué frecuencia? Escucha y escribe. (1–6)
What chores do they do and how often? Listen and write.

1 sometimes makes dinner

2 Traduce las frases.
Translate the sentences.
1 Today I have to set and clear the table.
2 My mother has to make dinner every day.
3 I have to do the washing up sometimes.
4 My brother has to wash the car every Sunday.
5 Lucía usually has to tidy her bedroom on Saturdays.
6 I always help my mother.

3 Escribe las palabras que faltan.
Write the missing words.

y	pero	cuando	porque

1 pero
1 Quiero comprar una pizza _____ solo tengo 25 dólares.
2 _____ hace buen tiempo, llevo sandalias.
3 Tengo que poner la mesa _____ preparar la cena.
4 Salgo de casa temprano _____ siempre hay tráfico.
5 A veces tengo que quitar la mesa _____ lavar los platos también.
6 Quiero hacer una torta _____ no hay harina.

4 Escribe un párrafo describiendo cómo ayudas en casa.
Write a paragraph describing how you help at home.

A ampliar

1 **Escucha y contesta. ¿A qué hora almuerza Juan cada día y por qué?**
Listen and answer. At what time does Juan have lunch every day and why?
Monday – 11:30, because he doesn't have school and is at home

2 **Corrige las frases. Hay dos errores en cada una.**
Correct the sentences. There are two errors in each.
1 ~~unas~~ bluejeans – unos bluejeans, ~~hace~~ calor – hace frío

1 Llevo unas bluejeans negros y una chaqueta azul porque hace calor.
2 ¿Dónde está mis chancletas? Tengo que jugar al fútbol.
3 ¡Vamos a el parque! Llueve mucho.
4 Quiero lleva una camiseta verde y unos shorts morados pero hace sol.
5 ¿Lavamos la carro juntos? Hay un huracán.
6 Me gustan hacer un pícnic cuando hace muy frío.

3 **¿Qué hacen tus compañeros después de clase? Haz un sondeo.**
What do your classmates do after school? Do a survey.

Nombre	Meriendo	Hago mis tareas	Paso tiempo en Internet	Chateo con mis amigos	Salgo con mis amigos
Clara	✓			✓	

4 **Escribe un texto describiendo tu rutina por la mañana y después de clase.**
Write a text describing your morning and after-school routine.
Por la mañana, me levanto …
Después de clase, los lunes …

Talk about the rooms in my house

Say what my house is like	*Mi casa es pequeña y moderna.*
Say how many bedrooms there are	*En mi casa, hay tres habitaciones.*
Name the other rooms	*Hay una sala, un baño y un comedor.*
Say if a room is big or small	*Hay una cocina grande.*
Say if there is a garden	*No hay un jardín, pero hay una terraza.*

Talk about household chores

Say what chores I have to do	*Tengo que lavar los platos y planchar.*
Say what someone else has to do	*Mi hermano tiene que sacar la basura.*
Say how often I have to do chores	*Tengo que poner la mesa todos los días.*
Say someone doesn't do chores	*Mi amiga no hace nada en casa.*

Talk about my routine

Say what I do when I wake up	*Me levanto, me lavo la cara y me cepillo los dientes.*
Say I get dressed and brush my hair	*Me visto y me peino.*
Say what I do after getting ready	*Desayuno, hago la cama y salgo de casa.*
Say what I do after school	*Meriendo, hago mis tareas y chateo con mis amigos.*
Say what time of day I do something	*Por la mañana voy al colegio.*

Talk about mealtimes

Name meals	*el desayuno, el almuerzo, la merienda, la cena*
Say what time I eat	*Desayuno a las ocho.*
Say what I have for breakfast	*Para el desayuno como pan con queso.*
Say what I have for lunch	*Almuerzo arroz con pollo.*
Say what I have for an afternoon snack	*Meriendo una banana o unas galletas.*
Say what I have for dinner	*Ceno una ensalada o una pizza.*

Talk about what food we need to buy

Say we don't have something	*No hay leche o pan.*
Say what we need	*Necesitamos verduras y huevos.*
Ask for something	*Deme un melón, por favor.*
Use quantities	*Deme medio kilo de manzanas, por favor.*
Ask what something costs	*¿Cuánto cuesta el pan?*
Say what something costs	*Los huevos cuestan once dólares.*
Ask what someone wants (formal)	*¿Qué desea?*
Ask if someone wants anything else	*¿Algo más?*
Say I don't want anything else	*Nada más, gracias.*

Talk about the weather

Say what the weather is like	*Hace mal tiempo.*
Describe specific weather	*Hay tormenta.*
Say what the weather is usually like	*Hace buen tiempo generalmente.*
Say what I wear in good weather	*Cuando hace sol, llevo sandalias.*
Say what I wear in bad weather	*Cuando hace frío, llevo un suéter.*
Describe what people are wearing	*Pablo lleva una camisa blanca y un pantalón azul.*

Mi casa

En mi casa hay …
un baño
una cocina
un comedor
un cuarto de estudio
un garaje
una habitación
un jardín
una sala
una terraza

My house

In my house, there's …
a bathroom
a kitchen
a dining room
a study
a garage
a bedroom
a garden
a living room
a patio/roof terrace

Las tareas

Tengo que …
arreglar mi habitación
hacer la compra
lavar el carro
lavar los platos
pasar la aspiradora
planchar
poner la mesa
preparar la cena
quitar la mesa
sacar la basura

nunca
a veces
de vez en cuando

a menudo
siempre
todos los días
Ayudo a mi madre.
No hago nada.

Chores

I have to …
tidy my room
do the shopping
wash the car
do the washing up
vacuum
do the ironing
set the table
make dinner
clear the table
take out the rubbish/
    garbage
never
sometimes
occasionally/every now
    and then
often
always
every day
I help my mother.
I don't do anything.

Mi rutina típica

Por la mañana …
me despierto
me levanto
me baño
me lavo la cara
desayuno
me cepillo los dientes
me visto
me peino
hago la cama
salgo de casa
voy al colegio

Por la tarde …
almuerzo
como
tomo una siesta
meriendo

hago mis tareas
chateo con mis amigos

ceno
salgo con mis amigos
veo la televisión
me acuesto

¿A qué hora desayunas?

Desayuno a las …
El desayuno es a las …
Para el desayuno, tomo …

frecuentemente
generalmente
normalmente
tarde
temprano

My typical routine

In the morning …
I wake up
I get up
I shower
I wash my face
I eat breakfast
I brush my teeth
I get dressed
I brush my hair
I make the bed
I leave home
I go to school

In the afternoon …
I have lunch
I eat
I have a nap
I have an afternoon
    snack
I do my homework
I chat with my friends
    (online)
I have dinner
I go out with my friends
I watch TV
I go to bed

What time do you have
    breakfast?

I have breakfast at …
Breakfast is at …
For breakfast, I have …

frequently
generally
normally
late
early

Las comidas

el desayuno	breakfast
el almuerzo	lunch
la merienda	afternoon snack
la cena	dinner
desayunar	to have breakfast
almorzar	to have lunch
merendar	to have an afternoon snack
cenar	to have dinner

Mealtimes

Los ingredientes

el aceite	oil
el agua	water
el arroz	rice
el azúcar	sugar
la banana	banana
la carne	meat
la cebolla	onion
la ensalada	salad
la galleta	biscuit
la harina	flour
el huevo	egg
el jugo	juice
la lechuga	lettuce
la mantequilla	butter
la manzana	apple
la naranja	orange
las nueces	nuts
el pan	bread
la pasta	pasta
la papa	potato
el pescado	fish
la pizza	pizza
el pollo	chicken
el queso	cheese
la sal	salt
la sandía	watermelon
el sándwich de jamón/queso	ham/cheese sandwich
la soda	soft drink
el tomate	tomato
la uva	grape
las verduras	vegetables
la zanahoria	carrot

Ingredients

De compras

¿Qué desea?	What would you like?
Deme …	I'd like …
una docena de …	a dozen …
una caja/bolsa de …	a box/bag of …
un kilo/medio kilo de …	a kilo/half a kilo of …
un paquete de …	a packet of …
¿Algo más?	Anything else?
Nada más.	Nothing else./That's all.
¿Cuánto cuesta(n)?	How much does it/do they cost?
Son … dólares en total.	That's … in total.

Shopping

¿Qué tiempo hace?

Hace …	It's …
(mucho) calor/sol/frío fresco/viento	(very) hot/sunny/cold cool/windy
Hace buen/mal tiempo.	The weather is good/bad.
Hay un huracán.	There's a hurricane.
Hay tormenta.	There's a storm.
Hay niebla.	There's fog.
Llueve.	It's raining.
Nieva.	It's snowing.
Está lloviendo/ nevando mucho.	It's raining/snowing heavily.
la estación seca/de lluvias	the dry/rainy season
cuando	when
pero	but
porque	because
y	and

What's the weather like?

La ropa

Cuando hace calor, llevo …	When it's hot, I wear …
una camiseta	a T-shirt
unas chancletas	flip-flops
una gorra	a baseball cap
unas sandalias	sandals
unos shorts	shorts
un sombrero	a hat
unos tenis	trainers
un vestido	a dress
Cuando hace frío, llevo …	When it's cold, I wear …
unos bluejeans	jeans
una camisa	a shirt
una chaqueta	a jacket
un pantalón	trousers
una sudadera	a sweatshirt
un suéter	a sweater

Clothes

6 EN MI TIEMPO libre

- Talk about weekend activities
- Say what activities I like and don't like
- Use *me gusta* + infinitive

6.1 ¡Me encanta la patineta!

1 Escucha y mira las actividades. Escribe las letras. (1–10)
Listen and look at the activities. Write the letters.
1 a

125

> ¿Qué te gusta hacer los fines de semana?

a Elena

¡Me encanta escuchar música!

Me gusta Comentar Compartir

b Raúl

¡Me gusta hablar por teléfono!

c María José

¡Me encanta jugar videojuegos!

d Pablo

Me gusta mucho leer.

e Felicia

¡Me gusta mucho charlar!

f Dante el perro

¡Me encanta pasear!

g Nacho

Me gusta navegar por Internet.

h Ben

¡Me encanta salir con mis amigos!

i Sergio

¡Me gusta mucho tocar la guitarra!

j Matilda

¡Me encanta andar en patineta!

2 Escucha otra vez y escribe más detalles.
Listen again and write more details.
1 listens to music – Saturday mornings

125

Gramática

To say you like or don't like to do something, use the correct form of *gustar* + infinitive.

Me gusta escuchar música.	I like to listen to music.
No me gusta pasear.	I don't like to go for walks.

Note that the form used is always *gusta* when it is followed by a verb (never *gustan*).

encantar behaves in the same way.

Me encanta salir con mis amigos. I like to go out with my friends.

3 Escribe las frases con las opiniones.
Write sentences with the opinions.
1 No, no me gusta tocar la guitarra.

1 ¿Tocas la guitarra?

2 ¿Lees?

3 ¿Juegas videojuegos?

4 ¿Andas en patineta?

5 ¿Charlas con tus compañeros?

6 ¿Sales con tus amigos?

|  me encanta |
| me gusta |
| no me gusta |

4 ¿Qué te gusta hacer los fines de semana? Habla con tu compañero/a.
What do you like doing at the weekend? Talk to your partner.

¿Qué te gusta hacer en tu tiempo libre?

Los sábados, me gusta ir de compras con mis amigas.

5 Escucha. ¿Qué les gusta hacer? Copia el cuadro y escribe los detalles.
Listen. What do they like doing? Copy the table and write the details.

	👍	❤️	👎	Este fin de semana
Matilde	reading			
Raúl				
Elena				

6 Trabaja en grupo. ¿Qué tienes ganas de hacer este fin de semana?
Work in groups. What do you feel like doing at the weekend?

¿Qué tienes ganas de hacer el fin de semana?

Tengo ganas de tomar fotos.

María tiene ganas de tomar fotos.

Gramática
tengo ganas de is followed by the infinitive.
¿Tienes ganas de salir con nosostros?
Do you feel like going out with us?

7 ¿Cómo se dice en español? Lee el texto y busca las frases.

How do you say it in Spanish? Read the text and find the phrases.

1 going shopping
2 going cycling
3 going to the sports centre
4 going to the cinema

Durante la semana, estudio mucho porque quiero sacar buenas notas. Los fines de semana, me encanta escuchar música en mi dormitorio. Es muy relajante. Los sábados me gusta ir de compras con mis amigos. También nos encanta ir al cine.¡Es genial! A mi hermano le encanta jugar videojuegos, pero a mí no me gusta nada. Él dice que es emocionante y divertido, pero en mi opinión es horrible y muy aburrido. También le gusta montar en bici o ir al polideportivo, pero a mí no.

Natalia

8 Lee el texto otra vez. Cierra el libro. Escribe qué le gusta y no le gusta hacer a Natalia.

Read the text again. Close your book. Write what Natalia likes and doesn't like doing.

She likes listening to music, …
She doesn't like …

9 Corrige las frases.

Correct the sentences.

1 estudiar escuchar música

1 Los fines de semana, a Natalia le gusta estudiar.
2 Para Natalia, escuchar música es emocionante.
3 Le gusta salir con su hermano.
4 A Natalia y sus amigos les gusta ir al cine.
5 El hermano de Natalia dice que jugar videojuegos es aburrido.
6 A Natalia le gusta ir al polideportivo.

10 Empareja.

Match.

1 e

1 ¿Te gusta la música pop?
2 Me gusta
3 A Carla y a mí
4 A Salvador
5 A mis primos
6 ¿Les gusta pasear?

a le gusta tocar el piano.
b nos gusta andar en patineta.
c No, no les gusta nada.
d les gusta leer.
e Sí, me encanta.
f ir al polideportivo.

11 Habla con tus compañeros.

Talk to your classmates.

¿Qué te gusta hacer los sábados, Alba?

Me gusta leer.

A Alba le gusta leer los sábados.

Gramática

When *gusta/encanta* is followed by a verb, the verb is in the infinitive form. Note how the pronoun changes for different people.
Me gusta andar en patineta.
I like to skateboard.
¿Te gusta tocar la guitarra?
Do you like to play the guitar?
No nos gusta hablar por teléfono.
We don't like to speak on the phone.
Les encanta pasear.
They love to go for a walk.

¡Nota!

When a noun is included, *a* is used before it.
A Mario le gusta salir.
Mario likes to go out.

12 Lee el texto de la Actividad 7 otra vez y busca los adjetivos. ¿Cómo se dicen en inglés?
Read the text in Activity 7 again and find the adjectives. How do you say them in English?
bueno – good

13 Habla con tu compañero/a.
Talk to your partner.

> ¿Te gusta ir al cine?

> Sí, me gusta ir al cine porque es emocionante. ¿Y a ti?

> No, no me gusta ir al cine. No me interesa.

¡Nota!
What do you notice about the verb *interesar* here? How do you think you say 'Are you interested?'

Remember to use conjunctions like *porque* to make your Spanish more interesting.

14 Escucha. Lee las frases y escribe V (verdadero) o F (falso).
Listen. Read the sentences and write V (true) or F (false).
1 F

1 At the weekend Andrés likes to talk on the phone with his friends.
2 He goes to the park near his house.
3 Andrés and his friends love riding a bike because it is exciting.
4 They go to the BMX track every Sunday.
5 Andrés also really likes to play the guitar.
6 He loves shopping and thinks it is fun.

15 Escribe un blog sobre qué te gusta hacer con tus amigos.
Write a blog about what you like to do with your friends.
El fin de semana …

| me gusta | tenemos ganas de | le/les encanta |

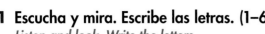

6.2 ¿Quieres ir al café?

- Suggest going out
- Make arrangements to go out
- Use *querer* + infinitive

1 Escucha y mira. Escribe las letras. (1–6)
128
Listen and look. Write the letters.
¿Qué quieres hacer esta tarde?
1 f

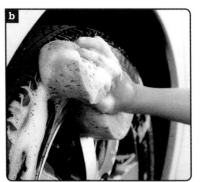

2 Escucha otra vez. Escribe la forma de *querer* que usa cada persona.
128
Listen again. Write the form of querer *used by each person.*
1 quieres, …

3 Escribe cada frase en orden. Traduce las frases.
Write each sentence correctly. Translate the sentences.
1 voleibol Quiero al jugar.
2 al Quieres polideportivo ir ¿?
3 comprar negro gato Queremos un y blanco.
4 salir Quiero mis amigos con.
5 quiere jugar Felipe al no tenis.
6 restaurante ir padres Mis italiano quieren al.

4 Habla con tu compañero/a.
Talk to your partner.

yo

mi familia y yo

mi mejor amigo/amiga

¿Qué quieres hacer el domingo por la tarde?

Mi familia y yo queremos ir a un restaurante colombiano.

> **Gramática**
> *querer* (to want) is a stem-changing verb. It has regular –er endings.
> quiero — I want
> quieres — you want
> quiere — he/she wants
> queremos — we want
> quieren — you (plural)/they want
>
> It can be followed by a noun or a verb. The verb is in the infinitive form.
> *Quiero una soda.*
> I want a soft drink.
> *Quiere jugar al fútbol.*
> He wants to play football.

5 **Escucha la conversación. ¿Qué actividades quieren hacer el sábado? Escribe.**

Listen to the conversation. What activities do they want to do on Saturday? Write.

play basketball, ...

6 **Escribe las palabras que faltan.**

Write the missing words.

gusta	~~hola~~	hacer	polideportivo
jugar	hasta	vale	también

1 Hola

- ¡Hola, Mari! Soy Lola.
- (1) ¡_____, Lola!
- ¿Quieres ir al (2) _____ el sábado por la mañana?
- ¡Sí! ¿Qué quieres (3) _____?
- Pues, a mí me (4) _____ la natación.
- ¡A mí (5) _____!
- Está bien. Después, ¿quieres (6) _____ al tenis?
- (7) _____.
- Pues, (8) _____ el sábado.
- Muy bien. Adiós.

7 **Lee el correo electrónico. Busca las frases en español.**

Read the email. Find the phrases in Spanish.

1 conmigo

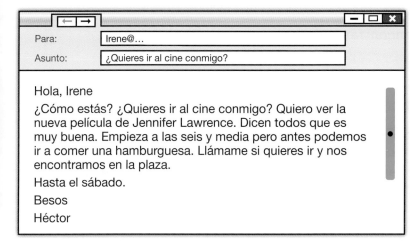

Para: Irene@...

Asunto: ¿Quieres ir al cine conmigo?

Hola, Irene

¿Cómo estás? ¿Quieres ir al cine conmigo? Quiero ver la nueva película de Jennifer Lawrence. Dicen todos que es muy buena. Empieza a las seis y media pero antes podemos ir a comer una hamburguesa. Llámame si quieres ir y nos encontramos en la plaza.

Hasta el sábado.

Besos

Héctor

1 with me	5 call me if you want to go
2 the new film	6 we'll meet in the square
3 Everyone says it's very good.	7 See you on Saturday.
4 before	8 kisses

8 **Escribe una respuesta al correo electrónico de Héctor de la Actividad 7.**

Write a reply to Hector's email in Activity 7.

> Different ways of ending an email to a friend:
> *Saludos*
> *Besos*
> *Un abrazo*

9 Lee la conversación. Contesta las preguntas.
Read the conversation. Answer the questions.

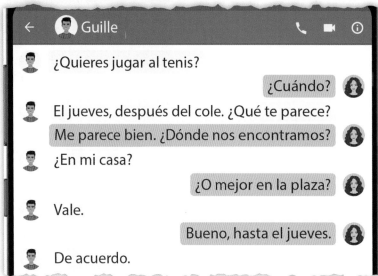

> Different ways of agreeing/saying OK:
> *Bueno.*
> *De acuerdo.*
> *Me parece bien.*
> *Vale.*

> Find examples of the verb *parecer* in the dialogue.
> Can you use these to work out how to say:
> What does he think?
> We think it's good.

1 What are Guille and Alba going to do?
2 When?
3 Where are they meeting?

10 Pon la conversación en el orden correcto.
Put the conversation in the correct order.

8, …

1 Me encanta ir de compras.
2 El sábado por la mañana.
3 Sí, claro. ¿Cuándo?
4 Está bien. ¿Dónde nos encontramos?
5 De acuerdo.
6 ¿En el centro comercial?
7 ¡A mí también!
8 ¿Quieres ir de compras?

11 Trabaja con tu compañero/a. Escribe una conversación. Incluye:
Work with a friend. Write a conversation. Include:

- *querer* to suggest activities
- the time and where to meet
- something you disagree about
- appropriate sign-offs

12 Elige una actividad. Haz las preguntas y busca un compañero/a para cada actividad.
Choose an activity. Ask the questions and find a classmate for each activity.

jugar al fútbol   ir al café   ir a la pista de patinaje   escuchar música rock   montar en bici

¿Quieres jugar al fútbol?   No, no quiero jugar al fútbol.   ¿Quieres ir al café?   Sí, vamos al café!

13 Lee y contesta las preguntas.
Read and answer the questions.

- ¿Sí?
- ¡Hola, Luz!
- Ah, hola Pepe. ¿Qué tal?
- Bien gracias. Oye, ¿quieres ir al polideportivo?
- Sí, buena idea. Tengo ganas de hacer un poco de ejercicio.
- Bueno, yo quiero jugar al voleibol. Hay un equipo que juega allí.
- Vale. Está bien. Puedo ir al gimnasio antes y después jugar al voleibol con ustedes. ¿Qué te parece?
- Me parece bien. ¿Nos encontramos en la pista de voleibol?
- De acuerdo. ¿A qué hora?
- ¿A las tres?
- Pues muy bien. Hasta las tres. Y si quieres, después podemos beber una soda en el café.
- ¡Genial!

1 Where does Pepe suggest they go?
2 What does Luz want to do?
3 What does Pepe want to do?
4 Where are they going to meet?
5 When are they going to meet?
6 What does Luz suggest they do afterwards?

14 Escucha. ¿Qué información quiere la chica de la llamada?
Listen. What information does the girl making the call want?

15 Escucha otra vez y escribe los detalles.
Listen again and note the details.
San Pedro Cinema, …

16 Quieres ir a karts con tus amigos. Escribe una lista de lo que tienes que organizar para un día divertido.
You want to go go-karting with your friends. Write a list of the things you have to organise for a fun day out.

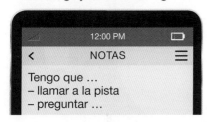

12:00 PM
< NOTAS ≡
Tengo que …
– llamar a la pista
– preguntar …

17 Túrnate con tu compañero/a. Llama a la pista de karts para pedir información.
Take turns with your partner. Call the go-karting track to ask for information.

¡Karts Súper, Buenos días!

Buenos días. Quiero información para ir a karts con unos amigos.

- Talk about snacks and drinks
- Order snacks and drinks in a café
- Use and respond to formal verb forms

1 Lee la carta y empareja las palabras con las imágenes.
Read the menu and match the words with the pictures.

1 f

EL CAFÉ AMERICANO

PLATOS PRINCIPALES

1 hamburguesa $10
2 perro caliente $8
3 sándwich de jamón $7,50
4 papas fritas $3

POSTRES

5 helado de fresa $4
6 helado de vainilla $4
7 brownie con helado $6

BEBIDAS

8 soda $2
9 jugo de naranja $2
10 jugo de manzana $2
11 vaso de leche $1,50
12 batido de chocolate $3
13 batido de banana $3
14 café $2
15 té $1,50
16 chocolate caliente $2

2 Lee la carta en voz alta. ¡Atención a la pronunciación!
Read the menu out loud. Pay attention to the pronunciation!

3 Escucha y comprueba.

Listen and check.

4 Escribe las palabras en el orden correcto. Escribe si te gustan o no te gustan.

Write the words correctly. Write whether or not you like the items.

1 soda – Me gusta mucho la soda./No me gusta nada la soda.

1 dsao
2 éfac
3 aaspp tsifra
4 rorpe inteclae
5 dibaot ed nabnaa
6 guoj ed nzamana
7 dhoela ed niiavlla
8 wácisdhn ed nójma

> **¿Sabes ...?**
>
> In some Spanish-speaking countries, different words are used:
> *un sándwich* is known as *un bocadillo*
> *una soda* is known as *un refresco*

5 Usa la carta para crear más letras revueltas para tu compañero/a.

Use the menu to create some more scrambled words for your partner.

6 ¿Qué quieren? Escucha y escribe. (1–6)

What do they want? Listen and write.

1 a chocolate milkshake

7 Crea tu propia carta para un café.

Create your own café menu.

8 Escucha y escribe lo que piden.
133
Listen and write what they order.
two burgers, …

¡Buen provecho!

9 Empareja las preguntas con las respuestas.
Match the questions and the answers.
1 b

1 ¿Qué quiere comer?
2 ¿Tienen helado de chocolate?
3 ¿Qué quieren beber?
4 ¿Qué desean comer?
5 ¿Quieren salsa de tomate?

a Dos sodas, por favor.
b Para mí, unas papas fritas, por favor.
c Sí, por favor.
d No, lo siento, no tenemos.
e Queremos dos hamburguesas.

10 Escribe los pronombres que faltan.
Write the missing pronouns.
1 mí

● Buenos días. ¿Qué quieren comer?
● Para (1) ____, un sándwich de jamón, por favor.
● Vale, ¿y para (2) ____, señora?
● Quiero una hamburguesa con papas fritas.
● Vale, ¿y para (3) ____, chicas?
● ¿Tiene salsa de tomate?
● Sí, tenemos salsa de tomate.
● Entonces la hamburguesa con papas fritas para (4) _____ también.
● ¿Y qué quiere comer tu hermanito?
● Yo quiero helado de vainilla.
● Bueno, para (5) ____, un helado de vainilla.
● ¿Y para (6) ____ también, Carolina? ¿Quieres un helado de postre?
● Yo quiero el helado de fresa, por favor.

Gramática

After a preposition, the following pronoun forms are used:

(para)	(for)
mí	me
ti	you (inf sing)
usted	you (f sing)
él/ella	he/she
nosotros/as	us
ustedes	you (plural)
ellos/ellas	they

11 Trabaja en grupos de cinco. Practica la conversación de la Actividad 10 con tus preferencias.
Work in groups of five. Practise the conversation from Activity 10 with your own preferences.

Buenas tardes. ¿Qué quieren comer?

Para mí, …

Quiero …

Yo quiero …

Adapting texts is a really good way to improve your Spanish. Work out the information that you want to give then identify what you need to change in the model text.

12 Escucha e identifica los errores en el pedido.

Listen and find the mistakes in the order.

1 ~~hamburguesa~~ perro caliente

Restaurante

DÍA	MESA	CUBRE	NÚMERO 056214		
1	hamburguesa				
1	papas fritas				
1	sándwich de mozzarella				
1	limonada				
1	batido de chocolate				
			TOTAL		

RPU 1209

Listen carefully to the Spanish conversations that you hear. Read out loud along with the recording. It's a good way to practise your pronunciation and intonation – and it helps you reinforce key language.

Gramática

Remember that the *usted* form is used for 'you' in more formal situations like a restaurant. *usted* takes the 3ʳᵈ person form of the verb.
¿Qué *desea* comer?
For more than one person, ustedes is used in both formal and informal contexts. It takes the 3rd person plural form of the verb.
¿Qué *desean* comer?

13 Escribe las formas formales de los verbos (*usted* y *ustedes*).

Write the formal forms of the verbs.

1 tiene, tienen

1 tener
2 tomar
3 querer
4 poder

14 Pon la conversación en el orden correcto.

Put the conversation in the correct order.

5, …

1 Vale. ¿Quieren postre?
2 Y para mí, un perro caliente.
3 Para mí, una hamburguesa, por favor.
4 ¿Y para beber?
5 ¿Qué desean tomar?
6 De acuerdo.
7 Para mí un café y para él un jugo de manzana.
8 Sí, para mí un helado de fresa y para ella un brownie con helado.

15 Trabaja en grupo. Interpreta una escena en un café para la clase. Usa tu carta de la Actividad 7.

Work in groups. Act out a scene in a café for the class. Use your menu from Activity 7.

6.4 ¡Felicidades!

- Say what you do at celebrations
- Talk about celebrations in my life
- Identify when celebrations take place

1 Escucha y mira. Escribe las letras. (1–8)
Listen and look. Write the letters.

1 f

2 Empareja.
Match.

1 g

1	una fotocabina	**a** to do karaoke
2	tener una piñata	**b** to play charades
3	hacer una piyamada	**c** with a magician
4	jugar charadas	**d** to dance
5	con un mago	**e** to have a sleepover
6	hacer karaoke	**f** to go to a Chinese restaurant
7	ir a un restaurante chino	**g** a photo booth
8	bailar	**h** to have a piñata

3 Trabaja en grupo. Describe la fiesta.
Work in groups. Describe the party.

Para mi cumpleaños, hacemos una fiesta …

¡Nota!
Look back at 2.4 on pages 46–49 to help you with vocabulary.

4 Compara la imagen con la lista de compras. ¿Qué falta?

Compare the picture to the shopping list. What is missing?

5 Escucha. Lee las frases y escribe V (verdadero) o F (falso).

Listen. Read the sentences and write V (true) or F (false).

1 V

1 Rodrigo tells his mother he wants a sleepover for his birthday.
2 He wants to eat hamburgers and vanilla ice cream.
3 He and his friends want soft drinks.
4 He doesn't want a piñata.
5 He wants to dance and play computer games.
6 He wants a football-shaped birthday cake.

a	los banderines
b	unos globos
c	unos lanzadores de confeti
d	unos gorros de fiesta
e	una torta de cumpleaños
f	unas velitas
g	unas palomitas
h	unos dulces

6 Lee el texto y contesta las preguntas.

Read the text and answer the questions.

¡Es mi fiesta de quinceañera! Cumplir quince años es una ocasión muy especial en muchos países hispanos porque marca la transición de niña a mujer. La fiesta está en el jardín de mis abuelos porque viven cerca de la playa y tienen un jardín enorme. Toda mi familia está aquí y mis amigos también. Hay una fotocabina, un karaoke y un mago y una torta muy colorida. Bailamos, cantamos y comemos papas fritas y hamburguesas. La torta de cumpleaños es fenomenal. Llevo un vestido blanco de princesa con una tiara bonita. ¡Me encantan las fiestas! **Cristina**

1 How old is Cristina today?
2 Why is it a special occasion?
3 Where is the party?
4 Who is there?
5 What are they doing at the party?
6 What is she wearing?

7 Empareja las fechas con las celebraciones.
Match the dates and the celebrations.
1 f

a Nochevieja
b Pascua
c noche de San Juan
d Navidad

e día de Todos los Santos
f día de San Valentín
g día de los Muertos
h Divali

8 Habla con tu compañero/a.
Talk to your partner.

Navidad.   Navidad es el 25 de diciembre.

9 Escucha y escribe la fiesta. (1–4)
137
Listen and write the festival.
1 el día de San Valentín

10 Habla con tu compañero/a.
Speak to your partner.

¿Cuál es tu fiesta favorita?   Mi fiesta favorita es el día de los Muertos.

¿Cómo la celebras?   Bailamos, …

11 Busca en Internet. ¿Tienes un santo? ¿Qué día es?
Search on the internet. Do you have a saint's day? What day is it?

¿Sabes …?

It is very common in Spanish-speaking countries to celebrate your saint's day (*el día del santo*) as well as your birthday.
For example, St John (the Baptist)'s day is the 24th of June so anyone called Juan will celebrate their saint's day on that day.

12 Escucha y busca la comida. Escribe los números.

Listen and find the food. Write the numbers.

6, …

arepa

empanada

tacos

tortillas

dulce de leche

tequeños

bienmesabe

quesillo

13 Empareja la comida con las descripciones. Usa un diccionario.

Match the food and the descriptions. Use a dictionary.

1 d

1 una empanada	**a**	una torta de coco cubierta de merengue
2 una arepa	**b**	un tipo de pan hecho con harina de maíz
3 el dulce de leche	**c**	un postre de caramelo y huevos
4 bienmesabe	**d**	un envoltorio relleno de carne o pescado
5 un quesillo	**e**	un palito de queso frito
6 un tequeño	**f**	una crema hecha con leche, azúcar y esencia de vainilla

14 Trabaja en grupo. Haz una presentación sobre la comida típica de tu país.

Work in groups. Do a presentation on your country's traditional food.

15 Lee el texto. Copia y completa las frases.

Read the text. Copy and complete the sentences.

Mi familia es de la India y mi fiesta favorita es Divali – la fiesta de las luces. Vamos al templo y comemos comida vegetariana en casa. Al anochecer, ponemos luces «diyas» (potes de barro rellenos de aceite de coco con una mecha) en la casa, en el jardín y en el pueblo. Es muy bonito. La comida de Divali es deliciosa. Mi madre y mi abuela siempre preparan curry de verduras, arroz y muchos dulces. **Arun**

1 Arun's family is from _____.
2 His favourite festival is _____.
3 It's the festival of _____.
4 Arun and his family go to the _____ and eat _____ food.
5 At dusk, they put 'diyas' in the _____, _____ and _____.
6 Arun's mother and grandmother always prepare _____ curry, _____ and lots of sweets.

LA TEMPORADA NAVIDEÑA EN CENTROAMÉRICA!

¡Me encanta la Navidad! Es una **temporada** llena de alegría y mucha diversión. En Guatemala, como en otros países centroamericanos, las celebraciones navideñas ya empiezan el 16 de diciembre con las **posadas**. Grupos de niños van por las casas con **faroles** y piden **alojamiento** como la Virgen y San José antes de nacer Jesucristo. Muchas familias también ponen un **nacimiento** en casa representando la Sagrada Familia y la llegada de **los Reyes Magos**. En todo el mundo hispano, nos reunimos con nuestros familiares la noche del 24 de diciembre para la cena de **Nochebuena**. Nosotros abrimos los regalos esa noche, pero en algunos países no los abren hasta el 6 de enero, el **Día de Reyes**.

Algunos años vamos a la República Dominicana para celebrar el Año Nuevo con mis tíos y primos que viven en la capital, Santo Domingo. Después de comer, nos encanta ver los **fuegos artificiales** y recibir el Año Nuevo bailando al son del merengue con otros dominicanos y turistas.

¡Feliz Navidad y próspero Año Nuevo!

la temporada	season
las posadas	Christmas processions with floats
el farol	lantern
el alojamiento	accommodation
el nacimiento	birth/Nativity scene
los Reyes Magos	the Three Wise Men
la Nochebuena	Christmas Eve
el Día de Reyes	Epiphany (6th January)
los fuegos artificiales	fireworks

1 Lee y contesta las preguntas.
Read and answer the questions.

1 Where do *posadas* take place and when do they start?
2 What do the children carry and what do they ask for?
3 What do families display in their homes at Christmas?
4 When do Hispanic families get together for their Christmas meal?
5 Which are the two days when people open their Christmas presents?
6 How do people see in the New Year in Santo Domingo?

LAS PASCUAS EN HONDURAS

Celebrar las Pascuas en Honduras es una ocasión especial. Algunos van a la playa para relajarse con sus familias. Otros se dedican a preparar las celebraciones religiosas y tradicionales. Un lugar importante para estas celebraciones es la Avenida Cervantes en la capital, Tegucigalpa.

Allí, mucha gente trabaja para crear una **alfombra de serrín** de muchos colores que ofrece una vista magnifica y una experiencia **inolvidable**. Es un proceso de mucha devoción porque la alfombra desparece cuando la gente camina sobre ella en las procesiones de Viernes Santo en Semana Santa. En la procesión, los devotos sacan los **pasos** con las estatuas de Cristo y la Virgen María, o la Madre de Dios, que **veneran** en estas fechas.

¡Felices Pascuas a todos!

la alfombra de serrín	sawdust carpet
inolvidable	unforgettable
el paso	religious float
venerar	to worship

2 Lee las frases y escribe V (verdadero) o F (falso).
Read the sentences and write V (true) or F (false).

1 Everyone heads off to the beach at Easter in Honduras.
2 All the streets are decorated with carpets of flowers.
3 The carpet in Tegucigalpa is the work of many people.
4 The carpet lasts throughout the whole of the Easter period.
5 People walk over the carpet carrying religious floats on Good Friday.
6 The Mother of God is also worshipped in the Easter processions.

Mi mundo, tu mundo

Compare Christmas, New Year and Easter celebrations in your country.
Choose a Spanish-speaking country near you and research another festival there.

A reforzar

1 Copia y completa las palabras con vocales.

Copy and complete the words with vowels.

1 una hamburguesa

1 _n_ h_mb_rg_ _s_

2 _n c_f_

3 _n_s p_p_s fr_t_s

4 _n b_t_d_ d_ ch_c_l_t_

5 _n_ s_d_

6 _n h_l_d_ d_ v_ _n_ll_

7 _n j_g_ d_ n_r_nj_

8 _n p_rr_ c_l_ _ nt_

2 Empareja las preguntas con las respuestas.

Match the questions and the answers.

1 f

1 ¿Qué desea comer?

2 ¿Dónde nos encontramos?

3 ¿Qué te parece?

4 ¿Tienen papas fritas?

5 ¿Cuándo quieres salir?

6 ¿Qué te gusta hacer?

a Sí, tenemos.

b Me parece bien.

c Me gusta montar en bici.

d Esta tarde.

e En el centro comercial.

f Para mí, un helado de fresa.

3 Escribe las palabras que faltan.

Write the missing words.

videojuegos	la guitarra	teléfono	bici	~~música~~	mis amigos

1 música

1 Me gusta escuchar _____.

2 Me encanta jugar _____.

3 No me gusta salir con _____.

4 Nos gusta tocar _____.

5 Le encanta montar en _____.

6 Les gusta hablar por _____.

4 Mira las imágenes y crea conversaciones con tu compañero/a.

Look at the pictures and make up conversations with your partner.

sáb. tarde

fin de semana

tarde

- ¡Hola!
- Hola, Alejandro. Soy Carmen.
- Hola, Carmen.
- ¿Quieres ir al cine?
- ¿Cuándo?
- El sábado por la tarde.

- Pues, sí. ¿Dónde nos encontramos?
- En la plaza.
- Vale. Hasta el sábado.
- Adiós.
- Chao.

A practicar

1 ¿Le gustan las actividades? Escucha y escribe.
139
Does she like the activities? Listen and write.
le gusta: 6, …

le gusta	no le gusta	le encanta

2 Elige las formas correctas del verbo.

Choose the correct forms of the verb.

1 quieres

1 ¿**Quiero / quieres** ir al cine?
2 Mi hermano **quiere / quieren** montar en bici.
3 Mis amigos **quieres / quieren** ir al polideportivo.
4 Yo **quiero / quiere** comer una hamburguesa.
5 Mi hermana y yo **quiero / queremos** una piñata.
6 Mis padres no **quiere / quieren** un mago.

3 Traduce la conversación telefónica.

Translate the phone conversation.

1 Hello.
2 Hello, Pablo. It's Belén.
3 Hello, Belén.
4 Do you want to go for a walk?
5 Yes, when?
6 This afternoon.
7 OK. Where shall we meet?
8 At my house. What do you think?
9 That sounds fine. See you later.
10 Goodbye.

4 Prepara una presentación. Incluye:

Prepare a presentation. Include:

● la fecha de tu cumpleaños o el día de tu santo
● cómo celebras tu cumpleaños
● qué comes y bebes en la fiesta
● qué decoraciones hay

A ampliar

1 Escucha y corrige las frases.
Listen and correct the sentences.
1 ~~15th~~ 14th

1 Today is María's 15th birthday.
2 She's having a sleepover with her cousins.
3 They're going to do karaoke and watch a film.
4 Her dad is preparing the food.
5 They're having arepas, tortillas, tacos, pizza and sandwiches.
6 They're going to have fruit.

2 Traduce las frases.
Translate the sentences.
1 I want to go to the cinema.
2 He likes to surf the internet.
3 We love to skate.
4 My friends don't want to play computer games.
5 My sister wants to have a sleepover.
6 We want to have vanilla ice cream.

3 Habla con tu compañero/a. Pide comida para tu familia.
Talk to your partner. Order food for your family.

¿Qué desean comer?   Para mí, una hamburguesa y para …

4 Escribe sobre una fiesta nacional que celebras con tu familia.
Write about a national holiday that you celebrate with your family.

¿Cuál es tu fiesta favorita?   ¿Cómo la celebras?   ¿Con quién la celebras?   ¿Qué comidas especiales hay?

Talk about weekend activities

Say what I like to do	*Me gusta escuchar música.*
Say what I love to do	*Me encanta hablar por teléfono.*
Say what I don't like to do	*No me gusta jugar videojuegos.*
Ask someone what they like to do	*¿Qué te gusta hacer en tu tiempo libre?*
Ask someone if they like an activity	*¿Te gusta ir de compras?*
Ask someone what they feel like doing	*¿Que tienes ganas de hacer?*
Say what I feel like doing	*Tengo ganas de salir con mis amigos.*
Say why I like doing something	*Me gusta ir al cine porque es emocionante.*
Say why I dislike doing something	*No me gusta andar en patineta porque es aburrido.*

Make arrangements to go out

Say what I want to do	*Quiero ir al polideportivo.*
Invite someone to go somewhere	*¿Quieres ir al cine?*
Ask when to meet	*¿Cuándo?*
Suggest a time to meet	*Esta tarde./El domingo por la mañana. Después del cole.*
Ask where to meet	*¿Dónde nos encontramos?*
Say a place to meet	*En el parque.*
Say that's OK	*Vale./De acuerdo./Está bien.*
Ask someone what they think of a plan	*¿Qué te parece?*
Say it sounds good	*¡Me parece bien!*
Say see you on Saturday	*Hasta el sábado.*

Order snacks and drinks in a café

Ask someone what they want to eat	*¿Qué desea/quiere comer?*
Ask a group what they want to eat	*¿Qué desean/quieren comer?*
Say what I want	*Quiero un batido.*
Order a drink for myself	*Para mí, una limonada.*
Order food for a friend	*Para ella, unas papas fritas.*
Ask a waiter if they have a certain food	*¿Tienen perros calientes?*
Say enjoy your meal	*¡Buen provecho!*

Talk about birthday parties

Say what I do for my birthday party	*Hago una piyamada.*
Say what we do to celebrate	*Juego charadas.*
Say what I want to have at my party	*Quiero tener una piñata.*
Say what I want to do at my party	*Quiero hacer karaoke.*
Name things to buy for a party	*unos globos, unas velitas*

Talk about festivals and other celebrations

Name different celebrations	*el día de San Valentín, el día de los Muertos*
Say when celebrations take place	*Mi santo es el 28 de octubre.*
Say what my favourite festival is	*Mi fiesta favorita es Divali.*
Talk about the food we eat	*Comemos arepas.*

Las actividades / Activities

me encanta	I love
me gusta	I like
no me gusta	I don't like
andar en patineta	to skateboard
charlar	to chat
escuchar música	to listen to music
hablar por teléfono	to talk on the telephone
ir al cine	to go to the cinema
ir al polideportivo	to go to the sports centre
ir de compras	to go shopping
jugar videojuegos	to play videogames
leer	to read
montar en bici	to ride a bike
navegar por Internet	to surf the internet
pasear	to go for a walk
salir con mis amigos	to go out with my friends
tocar el piano/la guitarra	to play the piano/the guitar
tomar fotos	to take photos
Es …	It is …
aburrido	boring
divertido	fun
emocionante	exciting
genial	great
horrible	horrible
relajante	relaxing
Hola. Soy …	Hello. It's …
¿Quieres ir al cine?	Do you want to go to the cinema?
¿Quieres jugar al tenis?	Do you want to play tennis?
¿Cuándo?	When?
esta mañana/tarde/noche	this morning/afternoon/evening
el sábado	on Saturday
¿Qué te parece?	What do you think?
Me parece bien.	It sounds good.
Está bien./Bueno.	Ok
Vale./De acuerdo.	Ok
¿Dónde nos encontramos?	Where shall we meet?
En …	In …
el centro comercial	the shopping centre
el café	the café
la plaza	the square
en mi casa	at my house
Hasta luego.	See you later.
Hasta el viernes.	See you on Friday.
Hasta las tres.	See you at 3.

Despedirse en una nota / Signing off a note

besos	kisses/love
un abrazo	love from
saludos	best wishes

En el café / At the café

la carta	menu
¿Qué deseas/desea(n) …/ ¿Qué quieres/quiere(n) …	What would you like …
comer?	to eat?
tomar/beber?	to drink?
Para mí/él/ella, …	For me/him/her, …
una hamburguesa	a hamburger
unas papas fritas	fries
un perro caliente	a hot dog
un sándwich de jamón	a ham sandwich
¿Tienen salsa de tomate?	Do you have tomato ketchup?
un brownie	a brownie
un helado de chocolate/vainilla	a chocolate/vanilla ice cream
un café	a coffee
un chocolate caliente	a hot chocolate
un jugo de manzana	an apple juice
una soda	a soft drink
un té	a tea
un vaso de leche	a glass of milk
un batido de fresa/banana	a strawberry/banana milkshake
¡Buen provecho!	Enjoy your meal!
por favor	please
gracias	thank you
En mi fiesta quiero …	At my party, I want …
bailar	to dance
unos banderines	pennants
dulces	sweets
una fotocabina	a photo booth
unos globos	balloons
unos gorros de fiesta	party hats
hacer una piyamada	to have a sleepover
hacer karaoke	to do karaoke
ir a un restaurante chino	to go to a Chinese restaurant
jugar charadas	to play charades
tener una piñata	to have a piñata
lanzadores de confeti	party poppers
un mago	a magician
unas palomitas	popcorn
una torta de cumpleaños	a birthday cake
unas velitas	candles

Fiestas

Festivals

el día de los Muertos	the Day of the Dead
el día de San Juan	Saint John's Day
el día de San Valentín	Valentine's Day
el día de Todos los Santos	All Saints' Day
Divali	Diwali
la Navidad	Christmas
la Nochevieja	New Year's Eve
la Pascua	Easter

Las comidas festivas

Festive food

la arepa	a corn pancake/bread
la empanada	a baked or fried corn pastry, often filled with meat
el dulce de leche	a sweet caramel sauce
el quesillo	caramel flan
los tacos	tacos
los tequeños	deep fried cheese sticks in batter
la torta bienmesabe	coconut cake covered in meringue
las tortillas	tortillas

Prueba 1

1 Escucha y mira. Escribe las letras. (1–4)
Listen and look. Write the letters.
1 a, f

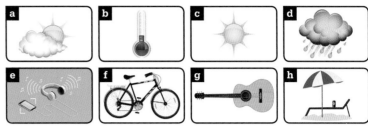

2 Túrnate con tu compañero/a.
Take turns with your partner.

¿Qué desayunas? ¿Qué almuerzas? ¿Qué cenas? ¿Cuál es tu comida preferida?

¿Qué desayunas? Desayuno un vaso de leche y una banana.

3 Lee el texto. Lee las frases y escribe V (verdadero) o F (falso).
Read the text. Read the sentences and write V (true) or F (false).
1 F

Muchas veces no puedo salir con mis amigos porque tengo que ayudar a mi madre en casa. Todas las semanas me presenta una lista con todo lo que tengo que hacer. Por ejemplo, este lunes tengo que pasar la aspiradora y lavar los platos. Los sábados siempre tengo que arreglar mi habitación y a veces tengo que lavar el carro. Todos los días tengo que poner y quitar la mesa y sacar la basura. De vez en cuando tengo que hacer la compra y preparar la cena porque mi madre llega a casa tarde del trabajo. ¡Es horrible! Los miércoles no hago nada en casa porque voy al club de vela después del colegio. Mi amiga Marisa no ayuda nada en casa porque hace muchas actividades. ¡Tengo que buscar más actividades y unirme a otros clubs de deporte!

1 Los lunes Javi siempre tiene que pasar la aspiradora.
2 Los sábados siempre tiene que lavar el carro.
3 Los miércoles a veces tiene que preparar la cena.
4 Los jueves Javi tiene que poner la mesa.
5 Los viernes Javi tiene que sacar la basura.
6 Su amiga Marisa tiene que hacer mucho en casa.

Javi

4 Corrige las frases falsas. Después escribe tres frases para describir cómo tú ayudas en casa.
Correct the false sentences. Then write three sentences describing how you help at home.
1 ~~Los~~ Este lunes Javi ~~siempre~~ tiene que pasar la aspiradora.

Prueba 2

1 Escucha. Contesta las preguntas.
Listen and answer the questions.

142

1 What is Cris doing?
2 Where does Eva suggest they go?
3 Where does Cris suggest they go?
4 What is Eva's response?
5 What do they decide to do?
6 Why?
7 What time are they meeting?
8 Where are they meeting?

2 Lee y empareja las comidas con la lista de compras.
Read and match the food items and the shopping list.

1 c

a media docena de huevos, medio kilo de azúcar, medio kilo de harina y medio kilo de mantequilla

b un paquete de arroz, frijoles, y medio kilo de cebollas

c un kilo de bananas, dos litros de leche y helado

d pan, medio kilo de queso y mantequilla

e un pollo, pan, una lechuga y un kilo de tomates

3 Túrnate con tu compañero/a. Tú eres el/la vendedor(a) o el/la cliente.
Take turns with your partner. You are the person selling or the customer.

¿Qué desea?/¿Qué necesita?
¿Algo más?

100g   250g   medio kilo   un kilo
Necesito …   Deme …
¿Hay …?   ¿Cuánto cuesta?

hacer una pizza   harina   tomates   queso   lechuga

¿Qué desea?   Quiero hacer una pizza. Necesito …

4 Escribe las formas correctas del verbo.
Write the correct forms of the verb.

1 Duermo

1 **(Dormir)** en mi habitación.
2 Mi familia y yo **(ver)** la tele en el salón.
3 **(Hacer)** mis tareas en el comedor.
4 Mi padre **(hablar)** por teléfono en el cuarto de estudio.
5 Pablo **(levantarse)** a las 7:30 para ir al colegio.
6 Yo **(bañarse)** antes de desayunar.
7 **(Almorzar)** en el colegio con mis amigos.
8 Mi hermana y yo **(merendar)** en el jardín.

Prueba 3

1 **Escucha y escribe las letras correctas. (1–4)**
Listen and write the correct letters.

1 e, a

Pablo   Laura

a   b   c   d   e   f   g   h   i   j   k   l

2 **Habla con tu compañero/a. Eres el/la mesero/a o el/la cliente.**
Talk to your partner. You are the waiter or the customer.

Buenos días, ¿qué quiere comer?

¿Y para beber?

¿Algo más?

¿Quiere postre?

Buenos días, ¿qué quiere comer?   Una hamburguesa, por favor.

3 **Traduce las frases.**
Translate the sentences.
1 Para tu fiesta de cumpleaños, necesitamos globos y velitas.
2 También tenemos que comprar harina, huevos y azúcar.
3 ¿Quieres comer pizza, papas fritas o hamburguesas?
4 Tu padre tiene que pasar la aspiradora.
5 Tienes que arreglar tu habitación.
6 Tienes que escribir invitaciones para tus amigos.

4 **¿Qué te gusta/no te gusta hacer? Escribe seis frases.**
What do you like/not like doing? Write six sentences.
Me encanta salir con mis amigos. Es muy emocionante.

Prueba 4

1 Escucha y corrige el error en cada frase.
Listen and correct the error in each sentence.

144

1 ~~Indianapolis~~   *India*

1 My family is from ~~Indianapolis~~.
2 My favourite festival is Diwali.
3 It is the festival of fire.
4 It is celebrated in May.
5 We go out onto the street and cover each other in flour.
6 Then we have a party and sing.
7 We eat hamburgers and chips.
8 I think it's boring.

2 Completa la conversación. Después, practícala con tu compañero/a.
Complete the conversation. Then practise it with your partner.

- Hola, _____
- Buenos días, _____
- ¿Qué haces?
- _____
- ¿Quieres _____ conmigo?
- No, no tengo ganas _____.
  Prefiero _____.

- Vale. ¿A qué hora nos encontramos?
- ¿A las _____?
- Me parece bien. ¿Nos encontramos en _____?
- Sí. Hasta luego.
- Chao.

3 Lee el texto y completa las frases.
Read the text and complete the sentences.

Mi rutina diaria es un poco diferente los fines de semana. Los sábados, me levanto temprano, a las cinco y media, porque tengo que ir al polideportivo para practicar la natación. Luego, me baño y me visto y después vuelvo a casa. Normalmente, por la tarde salgo con mis amigos. Vamos al cine o vamos al café. Ceno en casa con mi familia sobre las siete. Me acuesto a las once. Los domingos, me levanto tarde, sobre las diez. ¡Me encanta dormir! Me baño y tomo el desayuno-almuerzo en casa. Luego paseo al perro con mi familia. Por la tarde, visitamos a mis abuelos y luego vemos la tele en casa. Me acuesto a las diez. **Paulo**

1 Paulo se _____ a las cinco y media los sábados.
2 _____ que practicar la natación.
3 Después de nadar, se _____ y se _____.
4 Después, _____ a casa.
5 Por la tarde, le gusta _____ con sus amigos.
6 _____ al cine o al café.
7 Se _____ a las once.
8 Los domingos_____ al perro con su familia y _____ a sus abuelos.

4 Escribe un artículo sobre tu fiesta favorita.
Write an article about your favourite festival.

Mi fiesta favorita se llama …

Se celebra en …

Para celebrar …

Comemos …

Gramática

Contents

Explanation of grammar terms

Nouns name people or things, e.g. *madre* (mother), *perro* (dog), *carro* (car)

Articles are used with nouns to show if you are referring to something general, e.g. *un* (a/an), *unos* (some), *or to something specific*, e.g. *el/los* (the).

Adjectives describe nouns, e.g. *pequeño* (small).

Pronouns stand in for nouns, to avoid repetition, e.g. *ella* (she/her).

Verbs talk about actions, e.g. *bailar* (to dance), or about how things are, e.g. *ser* (to be).

Adverbs give more detail about verbs or adjectives, e.g. *lentamente* (slowly), *muy* (very).

Prepositions describe locations and how things relate, e.g. *entre* (between), *de* (of).

Conjunctions link sequences of words to make longer, more interesting sentences, e.g. *porque* (because), *pero* (but).

1 Nouns

Gender

In Spanish, nouns are either masculine or feminine. You need to know a noun's gender as this can affect other words used with it, such as **adjectives** and **articles** (*el, una,* etc.).

There are some basic rules to help you identify the gender of most nouns:

masculine nouns

- most nouns ending in –o *el libro* – the book
  (but note: *la foto, la mano*)
- nouns for male people *el niño* – the boy
- most nouns ending –l *el hotel* – the hotel
- most nouns ending –r *el hámster* – the hamster
- days of the week *el lunes* – Monday
- languages *el español* – Spanish

feminine nouns

- most nouns ending in –a *la casa* – the house
  (but note: *el mapa, el día*)
- nouns for female people *la niña* – the girl
- nouns ending –ción *la estación* – the station
- nouns ending –dad *la ciudad* – the city

Some nouns are used for both masculine and feminine:
el/la estudiante – the student
el/la dentista – the dentist

Forming the plural

There are some basic rules for forming the plural of nouns:

noun ends ...		
in a vowel	add –s	*libro – libros*
in a consonant except z	add –es	*profesor – profesores*
in z	z → ces	*lápiz – lápices*
in s	no change	*sacapuntas – sacapuntas*

Note that accents are sometimes added or dropped in the plural. See p. 199 for stress rules.

estación → *estaciones* – the stations

examen → *exámenes* – the exams

2 Articles

Definite article ('the')

	singular	plural
masculine	*el niño* – the boy	*los niños* – the boys
feminine	*la niña* – the girl	*las niñas* – the girls

Note that in Spanish the definite article is usually included with the noun:

Me gustan los gatos.   I like cats.

When *el* follows the prepositions *a* or *de*, the words merge.

a + el → al   *Vamos al cine.*
We're going to the cinema.

de + el → del   *Es la oficina del presidente.*
It's the president's office.

Indefinite article ('an'/'an', 'some')

	singular	plural
masculine	*un niño* – a boy	*unos niños* – some boys
feminine	*una niña* – a girl	*unas niñas* – some girls

Unlike in English, Spanish does not use the indefinite article with jobs and in exclamations:

Es profesor.   He's a teacher.

¡Qué sorpresa!   What a surprise!

3 Pronouns

Subject pronouns

A subject pronoun is used to refer to the person or thing which carries out the action expressed by the verb.

singular		*plural*	
yo	I	*nosotros/as*	we
tú	you (inf sing)	*ustedes*	you (plural)
usted	you (for sing)		
él	he	*ellos*	they (masc)
ella	she	*ellas*	they (fem)

In English, subject pronouns are used all the time, but in Spanish they are only used for emphasis or clarity.

Hablo español.   I speak Spanish.

Yo estudio español pero ella estudia francés.
I'm studying Spanish but she's studying French.

Gramática

Demonstrative pronouns

A demonstrative pronoun is used instead of a noun to point people or things out. It agrees with the person/thing it replaces in gender and number. The demonstrative pronoun for 'this' is *este*.

Este es mi hermano. This is my brother.

Esta es mi madre. This is my mother.

Estos son mis amigos. These are my friends.

Estas son mis primas. These are my cousins.

For a mixed male and female group, the male plural form is used.

Estos son el señor y la señora López. This is Mr and Mrs López.

Personal *a*

When the direct object of a verb is a specific person or pet animal, the preposition *a* is added. This is called 'the personal a'.

Quiero a mi familia. I love my family.

Cuido a mi hermana pequeña. I look after my little sister.

It is <u>not</u> used with the verb *tener*.

Tienen dos hijos. They have two children.

4 Adjectives

Agreement and position

An adjective describes a person or thing, giving details of their appearance, colour, size or other qualities. Adjectives agree with what they are describing. This means that their endings change, depending on whether the person or thing you are referring to is masculine or feminine, singular or plural. Adjectives normally go after the noun that they are describing.

adjectives ending in	singular	
	masculine	feminine
o	*honesto*	*honesta*
a/e/i/u	*responsable*	*responsable*
consonant	*joven*	*joven*
or	*hablador*	*habladora*
z	*feliz*	*feliz*

adjectives ending in	plural	
	masculine	feminine
o	*honestos*	*honestas*
a/e/i/u	*responsables*	*responsables*
consonant	*jóvenes*	*jóvenes*
or	*habladores*	*habladoras*
z	*felices*	*felices*

Possessive adjectives

A possessive adjective is used to show possession or relationship (like *my book*, *his brother*). Note when the forms change.

singular	plural	meaning
mi	*mis*	my
tu	*tus*	your (inf sing)
su	*sus*	his/her/your (for sing, pl), their
nuestro/a	*nuestros/as*	our

Ana vive con su madre y sus hermanos.
Ana lives with her mother and her brothers.

Demonstrative adjectives

A demonstrative adjective is used to indicate a particular item (like *this, those*, etc.). It agrees with the noun. In Spanish, there are three forms, covering: this, that (close by) and that (over there/further away).

	masculine	feminine
this	*este*	*esta*
these	*estos*	*estas*
that (close)	*ese*	*esa*
those (close)	*esos*	*esas*
that (over there)	*aquel*	*aquella*
those (over there)	*aquellos*	*aquellas*

No me gusta este suéter. Prefiero aquella sudadera.
I don't like this sweater. I prefer that sweatshirt over there.

demasiado, mucho, etc.

Adjectives like *demasiado* and *mucho* are used to refer to general quantities or degree.

singular		plural	
masculine	feminine	masculine	feminine
demasiado	*demasiada*	*demasiados*	*demasiadas*
mucho	*mucha*	*muchos*	*muchas*
poco	*poca*	*pocos*	*pocas*
tanto	*tanta*	*tantos*	*tantas*
todo	*toda*	*todos*	*todas*
algún	*alguna*	*algunos*	*algunas*
otro	*otra*	*otros*	*otras*

No hay muchas tiendas en mi barrio.
There aren't many shops in my neighbourhood.

demasiado, mucho, poco, tanto and *todo* can also be used as adverbs. They do not change form.

Me gustan mucho los perros.   I really like dogs.

La casa es demasiado pequeña.
The house is too little.

5 Verbs

A verb gives information about what someone or something does or is, or what happens to them. In Spanish, verb endings change depending on the subject and the tense. A subject pronoun is not generally used as the information is given in the verb ending.

Present tense

The present tense is used to talk about what is true at the time, what is happening now and what happens regularly.

Regular verbs

There are three types of regular verbs: *–ar, –er* and *–ir*.

To form the present tense, you replace the infinitive ending as follows:

	hablar to speak	**com**er to eat	**viv**ir to live
(yo)	hablo	como	vivo
(tú)	hablas	comes	vives
(él/ella/usted)	habla	come	vive
(nosotros/as)	hablamos	comemos	vivimos
(ellos/ellas/ustedes)	hablan	comen	viven

ser & estar

ser and *estar* are two key verbs in Spanish that both mean 'to be'. It is important to learn which one needs to be used in different situations. Both are irregular.

	ser to be	**estar** to be
(yo)	soy	estoy
(tú)	eres	estás
(él/ella/usted)	es	está
(nosotros/as)	somos	estamos
(ellos/ellas/ustedes)	son	están

ser is used

- with permanent characteristics
  Mi hermano es alto.   My brother is tall.

- to show possession
  Las botas son de Javier.
  The boots belong to Javier.

- to say where someone is from
  Soy de Cuba.   I'm from Cuba.

- with time
  Son las tres y media.   It's half past three.

estar is used

- for location
  ¿Dónde está el mercado?
  Where is the market?

- with an adjective to talk about a temporary condition
  Las papas están frías.
  The potatoes are cold.

Other key irregular verbs

Some other very useful verbs are also irregular. You need to learn their forms.

	tener to have	**hacer** to make/do	**ir** to go
(yo)	tengo	hago	voy
(tú)	tienes	haces	vas
(él/ella/usted)	tiene	hace	va
(nosotros/as)	tenemos	hacemos	vamos
(ellos/ellas/ustedes)	tienen	hacen	van

Reflexive verbs

Reflexive verbs have the same subject and object. This is shown by the inclusion of a reflexive pronoun, e.g. *Me levanto.* ('I get (myself) up.'). The pronoun usually comes before the verb.

In the infinitive form the pronoun is attached to the end of the verb, e.g. *vestirse* (to get washed), *despertarse* (to wake up).

¿Te gusta levantarte temprano los sábados?

Do you like to get up early on Saturdays?

Many reflexive verbs are regular and so have the usual endings for their type.

	levantarse to get up
(yo)	me levanto
(tú)	te levantas
(él/ella/usted)	se levanta
(nosotros/as)	nos levantamos
(ellos/ellas/ustedes)	se levantan

Stem-changing verbs

Stem-changing verbs contain a change in the vowel in the main part of the verb (the stem) for all forms except *nosotros/as*. Apart from this, they follow the same rules on endings as

Gramática

other verbs.

	pensar to think e → ie	**dormir** to sleep o → ue
(yo)	p**ie**nso	d**ue**rmo
(tú)	p**ie**nsas	d**ue**rmes
(él/ella/usted)	p**ie**nsa	d**ue**rme
(nosotros/as)	pensamos	dormimos
(ellos/ellas/ustedes)	p**ie**nsan	d**ue**rmen

Other common stem-changing verbs include:

e → ie	**o → ue**
c**e**rrar – to close p**e**rder – to lose p**e**rderse – to get lost pref**e**rir – to prefer qu**e**rer – to want	ac**o**starse – to go to bed d**o**rmirse – to go to sleep p**o**der – to be able rec**o**rdar – to remember v**o**lver – to return
u → ue	**e → i**
j**u**gar – to play	rep**e**tir – to repeat

tú & usted

tú and *usted* both mean 'you'.

- **tú** is used for someone you know well or for a child

- **usted** is used for someone you don't know very well or someone older than you

In some Latin American countries, *usted* is used for everyone.
usted uses the same verb form as *él/ella*.

If you are talking to more than one person, use *ustedes*. This uses the same verb form as *ellos/ellas*.

¿Y **tú**, Raúl, *cómo* **celebras**?
Raul, how do you celebrate?

¿Y **usted**, *qué* **quiere** *tomar*?
What would you like to order?

¿Dónde **van ustedes**, *chicas*?
Where are you going, girls?

Imperative

The imperative form of the verb is used to give orders and instructions. It has a different form depending on whether:

- the order/instruction is positive or negative

- you are using *tú*, *usted* or *ustedes*

	positive	**negative**
tú usted ustedes	*¡Habla!* *¡Hable!* *¡Hablen!*	*¡No hables!* *¡No hable!* *¡No hablen!*
tú usted ustedes	*¡Come!* *¡Coma!* *¡Coman!*	*¡No comas!* *¡No coma!* *¡No coman!*
tú usted ustedes	*¡Escribe!* *¡Escriba!* *¡Escriban!*	*¡No escribas!* *¡No escriba!* *¡No escriban!*

Some common verbs have irregular imperatives:

	tú	**usted**	**ustedes**
decir say	di no digas	diga no diga	digan no digan
hacer make/do	haz no hagas	haga no haga	hagan no hagan
ir go	ve no vayas	vaya no vaya	vayan no vayan
poner put	pon no pongas	ponga no ponga	pongan no pongan
tener have	ten no tengas	tenga no tenga	tengan no tengan

Verbal structures

hay, hace (que)

hay comes from the infinitive *haber* (to have) and means 'there is/there are'.

Hay *un libro interesante.*
There is an interesting book.

Hay *unas playas bonitas.*
There are some lovely beaches.

hace comes from the infinitive *hacer* (to make or do) but is also used in time phrases to mean ago.

Fue **hace** *tres años.*   It was three years ago.

hace que and *desde hace* are used to express how long something has been going on.

Hace *dos días* **que** *tengo fiebre.*
I've had a temperature for two days.

Vivimos en México **desde hace** *dos años.*
We've lived in Mexico for two years.

me gusta/me gustan, etc.

gustar is used to express likes and dislikes. It is an unusual verb. The subject of the verb (the person who likes/dislikes) is shown by an indirect object pronoun (*me*, *te*, *le*, etc.). The verb agrees with the direct object (the person or thing that is liked).

Me **gusta el** *programa.*   I like the programme.

Me **gustan los** *caballos.*   I like horses.

me gusta can also be followed by an infinitive. In this case, the verb is always in the singular:

Me **gusta comer** *fruta.*   I like to eat fruit.

encantar, *doler*, *interesar* and *importar* behave in the same way as gustar:

Me **encanta la** *literatura.* I love literature.

Me **duelen las** *piernas.*   My legs hurt.

Me **interesa estudiar** *idiomas.*
I'm interested in studying languages.

Me importan mis amigos.
My friends are important to me.

Note how the pronoun changes for different people.

*¿Te gusta navegar
por Internet?*
Do you like to surf the net?
Le duele la cabeza.
His/Her head hurts.
No nos gusta bailar.
We don't like to dance.
Les interesan música.

They're interested in music.

Other verbs followed by the infinitive

deber, poder, querer and *tener que* are all followed by the infinitive.

No debes fumar.   You mustn't smoke.

¿Puedo ir al baño?   Can I go to the bathroom?

Quieren visitar Puerto Rico.
They want to go to Puerto Rico.

Tiene que hacer las tareas.
He has to do his homework.

6 Negatives

To make a verb negative, you add **no** in front of it.

Mi hermana no lee mucho.
My sister doesn't read much.

Other negative words are often used with the verb for emphasis:

Nunca voy al cine.   I never go to the cinema.

Nadie habla con él.   No one speaks to him.

No hay nada interesante aquí.
There's nothing interesting here.

Tampoco quiero azúcar.
I don't want sugar either.

No vinieron ni Carlos ni Ana.
Neither Carlos nor Ana came.

No tiene ningún interés en ir.
She has no interest in going.

7 Adverbs

An adverb gives more information about a verb, an adjective or another adverb.

You can form many adverbs by adding *–mente* to the feminine singular form of the adjective.

Habla muy lentamente.   He speaks very slowly.

Normalmente llego a las nueve.

I normally arrive at nine o'clock.

Hay que hacerlo inmediatamente.
We have to do it immediately.

Some adverbs are irregular:

Habla bien el español. He speaks Spanish well.

Está mal escrito.   It's badly written.

8 Prepositions

Prepositions can be used to describe the location of people, objects or places.

delante de	in front of
encima de	on top of
enfrente de	opposite
a la derecha de	to the right of
a la izquierda de	to the left of
al final de	at the end of
al lado de	to the side of

El libro está encima de la mesa.
The book is on top of the table.

La casa está al lado del teatro.
The house is next to the theatre.

When *de* is followed by *el*, the words merge to become *del*.
a and *el* merge to become *al*.

9 Conjunctions

A conjunction is a word that links two words or phrases together, for example 'and', 'but', 'or', 'because', etc.

el coche y la casa   the car <u>and</u> the house

papas fritas o arroz   fries <u>or</u> rice

Me gustaría ir, pero estoy muy cansado.
I'd like to go <u>but</u> I am very tired.

Me gusta porque es interesante.
I like it <u>because</u> it is interesting.

Como llueve, no puedo ir.
<u>As</u> it's raining, I can't go.

Dice que me quiere.   He says <u>that</u> he loves me.

Si estudias, sacas buenas notas.
<u>If</u> you study, you get good grades.

Cuando llueve, llevo un sombrero.
<u>When</u> it rains, I wear a hat.

Prepara el desayuno mientras yo me visto.
Get breakfast ready <u>while</u> I get dressed.

Odio las matemáticas, aunque son útiles
I hate maths <u>even though</u> it's useful.

Gramática

10 Questions

Questions words, or interrogative pronouns, are used to ask questions and are placed at the beginning of the sentence. Note the accent on all question words.

¿Adónde vas de vacaciones?
Where do you go on holiday?

¿Cómo te llamas?   What is your name?

¿Cuál quieres?   Which do you want?

¿Cuándo es tu cumpleaños?
When is your birthday?

¿Cuánto cuesta?   How much does it cost?

¿Dónde vives?   Where do you live?

¿Qué te gusta estudiar?
What do you like to study?

¿Quién habla español?   Who speaks Spanish?

In Spanish, you can also turn a statement into a question by adding question marks and using a rising intonation.

Comes chocolate.   You eat chocolate.

¿Comes chocolate?   Do you eat chocolate?

11 Numbers

Cardinal numbers

0 cero	11 once	20 veinte
1 uno/un	12 doce	21 veintiuno
2 dos	13 trece	22 veintidós
3 tres	14 catorce	23 veintitrés
4 cuatro	15 quince	30 treinta
5 cinco	16 dieciséis	31 treinta y uno
6 seis	17 diecisiete	32 treinta y dos
7 siete	18 dieciocho	40 cuarenta
8 ocho	19 diecinueve	50 cincuenta
9 nueve		60 sesenta
10 diez		70 setenta
		80 ochenta
		90 noventa

100 cien	1000 mil
101 ciento uno	1001 mil uno
102 ciento dos	1002 mil dos
145 ciento cuarenta y cinco	1220 mil doscientos veinte
200 doscientos	2000 dos mil
300 trescientos	100 000 cien mil
400 cuatrocientos	200 000 doscientos mil
500 quinientos	1 000 000 un millón
600 seiscientos	2 000 000 dos millones
700 setecientos	1 000 000 000 mil millones
800 ochocientos	1 000 000 000 000 un billón
900 novecientos	

Note:

- **uno:** un with masculine nouns and una with feminine nouns
- **cien:** cien with masculine and feminine nouns; ciento with other number combinations, e.g. *ciento cincuenta*.
- **doscientos**, etc: changes to *doscientas* (etc.) with feminine nouns

Ordinal numbers

1st *primero (primer)/primera*
2nd *segundo/a*
3rd *tercero (tercer)/tercera*
4th *cuarto/a*
5th *quinto/a*
6th *sexto/a*
7th *séptimo/a*
8th *octavo/a*
9th *noveno/a*
10th *décimo/a*

Ordinal numbers agree in gender and in number with the noun they precede. *primero* and *tercero* drop the −o before a masculine singular noun.

el primer premio   the first prize

la primera semana de agosto
the first week of August

Los primeros invitados llegaron a las ocho.
The first guests arrived at eight.

12 Time

Days

Days don't start with a capital letter in Spanish.

lunes
martes
miércoles
jueves
viernes
sábado
domingo

Months

Months don't start with a capital letter in Spanish.

enero	*julio*
febrero	*agosto*
marzo	*se(p)tiembre*
abril	*octubre*
mayo	*noviembre*
junio	*diciembre*

Dates

¿Qué día es hoy?	What day is it today?
¿A qué día estamos?	What's the date today?
Es (el)/Estamos a …	It's the …
… uno/primero de mayo	1st of May
… dos de mayo	2nd of May
… veintiocho de mayo	28th of May

Es lunes tres de octubre.
It's Monday the 3rd of October.

Use cardinal numbers for dates. The ordinal number should only be used for the first of the month.

Time expressions

Present or regular

hoy	today
el lunes	on Monday
los lunes	on Mondays
todos los lunes	every Monday
esta mañana/tarde	this morning/afternoon(/evening)
esta noche	tonight
por la mañana/tarde	in the morning/afternoon(/evening)
por la noche	at night

Past

ayer	yesterday
anoche	last night
ayer por la mañana/tarde	yesterday morning/afternoon(/evening)
ayer por la noche	last night
anteayer	the day before yesterday
hace una semana	a week ago
el año/martes pasado	last year/Tuesday
la semana pasada	last week

Future

mañana	tomorrow
mañana por la mañana/tarde	tomorrow morning/afternoon(/evening)
el mes/año/viernes que viene	next month/year/Friday
pasado mañana	the day after tomorrow

Frequency

¿Cuándo?	When?
¿Con qué frecuencia?	How often?
todos los días	every day
cada dos días	every other day
una vez/dos veces por semana	once/twice a week
una vez/dos veces al mes/año	once/twice a month/year

Telling the time

00:00 *las doce (de la noche)*
00:10 *las doce y diez (de la noche)*
00:15 *las doce y cuarto (de la noche)*
00:30 *las doce y media (de la noche)*
00:45 *la una menos cuarto (de la madrugada)*
01:00 *la una (de la mañana/madrugada)*
01:10 *la una y diez (de la mañana/madrugada)*
02:45 *las tres menos cuarto*
07:00 *las siete (de la mañana)*
07:50 *las ocho menos diez (de la mañana)*
12:00 *las doce (del mediodía)*
13:00 *la una (de la tarde)*
19:00 *las siete (de la tarde)*
21:00 *las nueve (de la noche)*

¿Qué hora es?	What's the time?
Es la una y cuarto.	It's a quarter past one.
Son las diez menos cinco.	It's five to ten.
Son las dos de la madrugada.	It's two in the morning.
a mediodía/medianoche	at midday/midnight
a las siete de la mañana/tarde	at seven in the morning/afternoon

Vocabulario

A

	a menudo	often
	a pie	on foot
	a veces	sometimes
	abril	April
	abrir	to open
la	abuela (abuelita)	grandmother
el	abuelo (abuelito)	grandfather
	aburrido/a	bored, boring
el	aceite	oil
las	actividades	activities
la	agenda	diary
	agosto	August
el	agua	water
el	ajedrez	chess
	al lado de	next to
	alegre	cheerful
	¿Algo más?	Anything else
el	almuerzo	lunch
	almuerzo (almorzar)	I have lunch
	alto/a	tall
el/la	alumno/a	student
	amable	kind
	amarillo/a	yellow
el/la	amigo/a	friend
	anaranjado/a	orange
	andar en patineta	to skateboard
el	apartamento	an apartment
el	apellido	surname
el	apodo	nickname
	aquí	here
el	armario	cupboard
	arreglar	to tidy
el	arroz	rice
el	arte	art
el	ascensor	lift
las	asignaturas	subjects
	asustado/a	scared
el	atletismo	athletics
	ayudo (ayudar)	I help
el	azúcar	sugar
	azul	blue

B

	bailar	to dance
	bajo/a	short (height)
los	banderines	pennants/bunting
el	baño	bathroom
el	barrio	neighbourhood
el	básquetbol	basketball
el	batido	milkshake
	beber	to drink
el	béisbol	baseball
la	biblioteca	library
	bien	well, fine

	bienvenido/a	welcome
	blanco/a	white
los	bluejeans	jeans
la	boca	mouth
el	bolígrafo	pen
	boliviano/a	Bolivian
la	bolsa	bag
el	borrador	eraser
el	brazo	arm
	buenas noches	goodnight
	buenas tardes	good afternoon
	Bueno	OK
	bueno/a	good
	buenos días	good morning
	¡Buen provecho!	Enjoy your meal!

C

el	caballo	horse
la	cabeza	head
	café	brown
el	café	café, coffee
la	caja de …	box of …
los	calcetines	socks
la	calle	street
la	camisa	shirt
la	camiseta	T-shirt
el	campo	the countryside
	cansado/a	tired
	canto (cantar)	I sing
la	cara	face
la	carne	meat
la	carpeta	folder
el	carro	car
la	casa	house
	castaño/a	brown
	catorce	fourteen
la	cebolla	onion
	celebro (celebrar)	I celebrate
el	celular	mobile phone
la	cena	dinner
	ceno (cenar)	I have dinner
el	centro comercial	the shopping centre
las	chancletas	flip-flops
	chao	bye
la	chaqueta	jacket
	charlar	to chat
	chatear	to chat (online)
el	chocolate	chocolate
el	chocolate caliente	hot chocolate
el	ciclismo	cycling
	cien	one hundred
las	ciencias	science
	cierra (cerrar)	it closes
	cinco	five
	cincuenta	fifty
el	cine	cinema

la	ciudad	city
la	cobaya	guinea pig
la	cocina	kitchen
el/la	cocinero/a	chef
el	colegio	school
	colombiano/a	Colombian
el	color	colour
el	comedor	dining room
la	comida	food
	como (comer)	I eat (to eat)
	¿Cómo?	What?/How?
la	competencia	competition
la	computadora	computer
el	conejo	rabbit
	contesto (contestar)	I answer
la	corbata	tie
el	correo electrónico	email
	corto/a	short (hair)
la	costa	coast
	criollo/a	Creole
el	críquet	cricket
el	cuaderno	workbook
	¿Cuál?	What?/Which?
	¿Cuándo?	When?
	¿Cuánto/a/os/as?	How many?
	cuarenta	forty
el	cuarto de estudio	study
	cuatro	four
el	cuello	neck
el	cuerpo	body
el	cumpleaños	birthday

D

	De acuerdo.	OK.
	de estatura media	medium height
	De nada.	You're welcome.
	¿De quién?	Whose?
	de vez en cuando	occasionally
	debajo de	under
los	dedos	fingers
los	dedos del pie	toes
	delante de	in front of
	demasiado/a	too much
	Deme …	I'd like …
el	deporte	sport
	deportista	sporty
el	desayuno	breakfast
	desayuno	I have breakfast
	detrás de	behind
el	día	day
	diciembre	December
	diecinueve	nineteen
	dieciocho	eighteen
	dieciséis	sixteen
	diecisiete	seventeen
los	dientes	teeth
	diez	ten
	difícil	difficult
la	dirección	address
	divertido/a	fun
	doce	twelve
la	docena de …	dozen …
	doler	to hurt

el	domingo	Sunday
	¿Dónde?	Where?
	dormir	to sleep
	dos	two
	duermo (dormir)	I sleep
los	dulces	sweets

E

la	educación física	PE
	egoísta	selfish
	él	he
	ella	she
	ellos/ellas	they
	emocionante	exciting
	empezar	to start
	en	in, on
	Encantado/a.	Pleased to meet you.
	encontrarse	to meet
	enero	January
	enfadado/a	annoyed
	enfermo/a	ill
	enfrente de	opposite
	enojado/a	angry
la	ensalada	salad
	entre … y …	between … and …
	entusiasmado/a	excited
el	equipo de (fútbol)	(football) team
	es (ser)	he/she/you (for) is
las	escaleras	stairs
	escribir	to write
	escucho (escuchar)	I listen (to)
la	espalda	back
	español(a)	Spanish
la	estación de lluvias	the rainy season
la	estación seca	the dry season
	estadounidense	American
la	estantería	bookcase
	estar	to be
	estoy (estar) resfriado/a	I have a cold
el	este	east
	Este/Esta es …	This is …
el	estómago	stomach
el	estuche	pencil case
el/la	estudiante	student
	estudio (estudiar)	I study

F

	fácil	easy
la	falda	skirt
la	familia	family
	febrero	February
la	fecha	date
	feliz	happy
la	fiebre	fever
la	fiesta	festival
el	fin de semana	weekend
	flojo/a	lazy
la	fotocabina	photo booth
la	fotografía	photograph
	francés/esa	French
la	fruta	fruit
el	fútbol	football

Vocabulario: español–inglés

G

la	galleta	biscuit
el	garaje	garage
la	garganta	throat
el	gato	cat
los	gemelos	twins
	generoso/a	generous
	genial	great
la	geografía	geography
la	gimnasia	gymnastics
el	gimnasio	gym
los	globos	balloons
la	gorra	baseball cap
	gracias	thank you
	gracioso/a	funny
	grande	big
la	gripe	flu
	gris	grey

H

la	habitación	bedroom
	hablador(a)	chatty
	hablar	to speak
	hago (hacer)	I do/make
	hacer la compra	to do the shopping
	Hace buen/ mal tiempo.	The weather is good/bad.
	Hace calor.	It's hot.
	Hace fresco.	It's cool.
	Hace frío.	It's cold.
	Hace sol.	It's sunny.
	Hace viento.	It's windy.
	hago ejercicio	I do exercise
	hago karaoke	I do karaoke.
	hago la cama	I make the bed.
	hago la compra	I do the shopping.
	hago mis tareas	I do my homework.
	hago una piyamada	I have a sleepover.
	hago una fiesta	I have a party.
la	hamburguesa	hamburger
la	harina	flour
	Hasta luego.	See you later.
	hay	there are
	Hay niebla.	It's foggy.
	Hay tormenta.	There's a storm.
	Hay un huracán.	There's a hurricane.
el	helado	ice cream
el/la	hermano/a	brother/sister
el/la	hijo único/hija única	only child
la	historia	history
el	hockey	hockey
	hola	Hello
	hondureño/a	Honduran
la	hora del almuerzo	lunchtime
el	horario	timetable
el	huevo	egg

I

la	informática	IT
	inglés/esa	English
la	insolación	sunstroke
	ir	to go

J

el	jamón	ham
el	jardín	garden
	jubilado/a	retired
	juego (jugar)	I play (sport)
el	jueves	Thursday
el	jugo	juice
	julio	July
	junio	June

L

los	labios	lips
el	laboratorio	laboratory
la	lagartija	lizard
los	lanzadores de confeti	party poppers
el	lápiz	pencil
	largo/a	long
	lavar el carro	to wash the car
	lavar los platos	to wash up
la	leche	milk
la	lechuga	lettuce
	leer	to read
la	lengua	tongue
	levantar	to stand up
el	libro	book
	liso/a	straight (hair)
	listo/a	ready
	lleno/a de energía	full of energy
	llevar	to wear
	Llueve.	It's raining.
	Lo siento.	I'm sorry.
el	loro	parrot
el	lunes	Monday
la	luz	light

M

la	madre (mamá)	mother
el/la	maestro/a	teacher
el	mago	magician
	mal	not too good
	malsano/a	unhealthy
la	mañana	morning
	mañana	tomorrow
la	mano	hand
la	mantequilla	butter
la	manzana	apple
el	martes	Tuesday
	marzo	March
	más despacio	more slowly
	más o menos	OK/not too bad
la	mascota	pet
las	matemáticas	maths
	mayo	May
	me acuesto	I go to bed.
	me baño	I shower.
	me cepillo los dientes	I brush my teeth.
	me despierto	I wake up.
	me duele(n) …	my … hurt(s)
	me encanta	I love
	me gusta(n)	I like
	me lavo la cara	I wash my face.
	me levanto	I get up.

	Me llamo …	My name's …
	Me parece bien.	It sounds good.
	me peino	I brush my hair.
	¿Me prestas?	Can you lend me?
	me siento	I feel
	me visto	I get dressed.
el/la	médico/médica	doctor
la	merienda	afternoon snack
	meriendo	I have an afternoon snack.
el	mes	month
la	mesa	table
el	miércoles	Wednesday
	mirar	to look (at)
la	mochila	backpack
las	montañas	mountains
	montar en bici	to ride a bike
	morado/a	purple
	Mucho gusto.	Pleased to meet you.
	mucho/a	a lot
la	música	music

N

la	nacionalidad	nationality
	nada	nothing
la	naranja	orange
la	nariz	nose
la	natación	swimming
	navegar por Internet	to surf the internet
	necesito	I need
	negro/a	black
	Nieva.	It's snowing.
	no	no
	No entiendo.	I don't understand.
la	noche	evening/night
el	nombre	name
el	norte	north
	nosotros/as	we
	noventa	ninety
	noviembre	November
las	nueces	nuts
	nueve	nine
el	número de télefono	phone number
	nunca	never

O

	ochenta	eighty
	ocho	eight
	octubre	October
el	oeste	west
los	ojos	eyes
	once	eleven
	ondulado/a	wavy
las	orejas	ears

P

el	padre (papá)	father
el	país	country
las	palomitas	popcorn
el	pan	bread
	panameño/a	Panamanian
el	pantalón	trousers
la	papa	potato
las	papas fritas	fries/chips

la	papelera	bin
el	paquete de …	packet of …
	para	for
	paseo (pasear)	I go for a walk
	paso (pasar) la aspiradora	I vacuum
	paso (pasar) tiempo	I spend time
el	patio	playground
	pelirrojo/a	red-haired
el	pelo	hair
	pequeño/a	small
	perezoso/a	lazy
	permiso/con permiso	excuse me
	pero	but
el	perro caliente	hot dog
el	pescado	fish
el	pez (los peces)	fish (some fish)
el	pie	foot
la	pierna	leg
una	piñata	piñata
la	pista polideportiva	multipurpose court
la	pizarra	board
	plancho (planchar)	I do the ironing.
la	plaza	the square
	poco	little/not much
	poco saludable	unhealthy
el/la	policía	police officer
el	polideportivo	sports centre
el	pollo	chicken
el	polo	polo shirt
	poner la mesa	to set the table
	por	for
	por favor	please
	porque	because
	practico (practicar) deporte	to do sport
	prefiero (preferir)	I prefer
	preocupado/a	worried
	preparo (preparar) la cena	I make dinner.
el/la	primo/a	cousin
el/la	profesor(a)	teacher
el	pueblo	town
la	puerta	door

Q

	¿Qué?	What?
los	quehaceres	chores
	querer	to want/love
el	queso	cheese
	¿Quién?	Who?
	quince	fifteen
	quito (quitar) la mesa	I clear the table.

R

la	rana	frog
el	ráton	mouse
el	recreo	break
la	regla	ruler
	relajante	relaxing
la	religión	religion
	repito (repetir)	I repeat
	rizado/a	curly

Vocabulario: español–inglés

la	rodilla	knee
	rojo/a	red
la	ropa	clothes
	rosado/a	pink
el	rotulador	marker pen/felt-tip
	rubio/a	blond

S

el	sábado	Saturday
el	sacapuntas	sharpener
	saco (sacar) la basura	I take out the rubbish
la	sal	salt
la	sala	living room
la	sala de profesores	staff room
	salgo (salir)	I go out.
	salgo de casa	I leave home.
el	salón de actos	assembly hall
los	salones de clase	classrooms
	saludable	healthy
las	sandalias	sandals
la	sandía	watermelon
el	sándwich	sandwich
	sano/a	healthy
	seis	six
	señor/señora	Mr/Mrs
	señorita	Miss
	sentarse	to sit down
	sentirse	to feel
	septiembre	September
	ser	to be
la	serpiente	snake
	sesenta	sixty
	setenta	seventy
los	shorts	shorts
	sí	yes
	siempre	always
	siete	seventeen
la	silla	chair
	simpático/a	nice
	sobre	on (top of)
la	soda	fizzy/soft drink
el	sombrero	hat
	somos (ser)	we are
	son (ser)	they are
	soy (ser)	I am
la	sudadera	sweatshirt
el	suéter	sweater
el	supermercado	supermarket
el	sur	south

T

	también	also
	tarde	late
la	tarde	afternoon/evening
las	tareas	homework
el	té	tea
el	teatro	drama
la	tecnología	technology
la	televisión	television
	temprano	early
	tengo (tener)	I have
	tengo calor	I'm hot.
	tengo frío	I'm cold.
	tengo hambre	I'm hungry.
	tengo sed	I'm thirsty.
	tengo sueño	I'm sleepy.
los	tenis	trainers
	termina (terminar)	it finishes
la	terraza	patio/roof terrace
	tímido/a	shy
el/la	tío/a	uncle/aunt
	toco (tocar)	I play (instrument)
	todos los días	every day
	tomar fotos	to take photos
	tomo (tomar) una siesta	I have a nap.
	tonto/a	silly
la	torta de cumpleaños	birthday cake
la	tortuga	turtle
	trece	thirteen
	treinta	thirty
	tres	three
	triste	sad
	tú	you (informal)

U

	uno	one
	uso (usar)	to use
	usted/ustedes	you (formal/plural)
	útil	useful
la	uva	grape

V

	Vale.	OK.
el	vaso	glass
	veinte	twenty
la	vela	sailing
las	velitas	candles
el/la	vendedor(a)	salesperson
la	ventana	window
	veo (ver) la televisión	I watch TV.
	verde	green
las	verduras	vegetables
el	vestido	dress
	veterinario/a	vet
una	vez (a la semana)	once (a week)
la	vida	life
el	viernes	Friday
	vivir	to live
el	voleibol	volleyball
	voy (ir)	I go

Y

	y	and, past (time)
	yo	I

Z

la	zanahoria	carrot
los	zapatos	shoes

A

	a lot		mucho/a
	address	la	dirección
	afternoon/evening	la	tarde
	also		también
	always		siempre
I	am		soy (ser)
	American		americano/a, estadounidense
	and, past (time)		y
	angry		enojado/a
	annoyed		enfadado/a
	Anything else?		¿Algo más?
	apartment	el	apartamento
	apple	la	manzana
	apple juice	el	jugo de manzana
we	are		somos (ser)
	arm	el	brazo
	art	el	arte
	assembly hall	el	salón de actos
	athletics	el	atletismo
	aunt	la	tía

B

	back	la	espalda
	backpack	la	mochila
	bad, badly		mal
	bag	la	bolsa
	balloons	los	globos
	banana	la	banana
	baseball	el	béisbol
	baseball cap	la	gorra
	basketball	el	básquetbol
	bathroom	el	baño
to	be		estar, ser
	because		porque
	bedroom	la	habitación
	behind		detrás de
	between … and …		entre … y …
	big		grande
	bin	la	papelera
	birthday	el	cumpleaños
	biscuit	la	galleta
	black		negro/a
	blond		rubio/a
	blue		azul
	board	la	pizarra
	body	el	cuerpo
	book	el	libro
	bookcase	la	estantería
	bored, boring		aburrido/a
	box of …	la	caja de …
	bread	el	pan
	break	el	recreo
	brother	el	hermano
	brown		café
	brown [hair]		castaño/a
I	brush my hair		me peino
I	brush my teeth		me cepillo los dientes
	but		pero
	butter	la	mantequilla
	bye		chao

C

	café	el	café
	car	el	carro
	carrot	la	zanahoria
	cat	el	gato
I	celebrate		celebro
	chair	la	silla
I	chat/chat online		charlo/chateo
	chatty		hablador(a)
	cheerful		alegre
	cheese	el	queso
	chef	el/la	cocinero/a
	chess	el	ajedrez
	chicken	el	pollo
	chocolate	el	chocolate
	chores	los	quehaceres
	cinema	el	cine
	city	la	ciudad
	class	la	clase
	classroom	el	salón de clase
I	clear the table		quito la mesa
it	closes		cierra
	clothes	la	ropa
	club	el	club
	coast	la	costa
	coffee	el	café
I'm	cold		tengo frío
	competition	la	competencia
	computer	la	computadora
	country	el	país
	countryside	el	campo
	cousin	el/la	primo/a
	Creole		criollo/a
	cricket	el	críquet
	cupboard	el	armario
	curly		rizado/a
	cycling	el	ciclismo

D

	day	el	día
	diarrhoea	la	diarrea
	diary	la	agenda
	difficult		difícil
	dining room	el	comedor
I	do exercise		hago ejercicio
I	do karaoke		hago karaoke
I	do my homework		hago mis tareas
I	do sport		practico deporte
I	do the ironing		plancho
I	do the shopping		hago la compra
I	do the washing up		lavo los platos
	doctor	el/la	médico/médica
	door	la	puerta
	dozen …	la	docena de …
	drama	el	teatro
	dress	el	vestido
I	drink		bebo
	dry season	la	estación seca

E

	ears	las	orejas
	easy		fácil

I	eat		como
	egg	el	huevo
	email	el	correo electrónico
	English		inglés/esa
	English (language)	el	inglés
	enough		lo suficiente
	eraser	el	borrador
	evening/night	la	noche
	every day		todos los días
	excited		entusiasmado/a
	exciting		emocionante
	excuse me		permiso/con permiso
	eyes	los	ojos

F

	face	la	cara
	family	la	familia
	father	el	padre (papá)
	favourite		favorito/a
I	feel		me siento
	fever	la	fiebre
	fingers	los	dedos
	fish	el	pescado, pez
	flip-flops	las	chancletas
	flour	la	harina
	flu	la	gripe
	folder	la	carpeta
	food	la	comida
	foot	el	pie
	football	el	fútbol
	for		para, por
	French		francés/esa
	friend	el/la	amigo/a
	fries	las	papas fritas
	frog	la	rana
	fruit	la	fruta
	full of energy		lleno/a de energía
	fun		divertido/a
	funny		gracioso/a

G

	garage	el	garaje
	garden	el	jardín
	generous		generoso/a
	geography	la	geografía
I	get dressed		me visto
I	get up		me levanto
I	go		voy
I	go for a walk		paseo
I	go out		salgo
I	go shopping		voy de compras
I	go to bed		me acuesto
	good		bueno/a
	good afternoon		buenas tardes
	good morning		buenos días
	goodbye		adiós
	goodnight		buenas noches
	grandfather (grandpa)	el	abuelo (abuelito)
	grandmother (grandma)	la	abuela (abuelita)
	grape	la	uva

	great		genial
	green		verde
	grey		gris
	guinea pig	la	cobaya
	guitar	la	guitarra
	gym	el	gimnasio
	gymnastics	la	gimnasia

H

	hair	el	pelo
	ham	el	jamón
	hamburger	la	hamburguesa
	hand	la	mano
	happy		feliz
	hat	el	sombrero
I	have		tengo
I	have a cold		estoy resfriado/a
I	have a nap		tomo una siesta
I	have a party		hago una fiesta
I	have a sleepover		hago una piyamada
I	have an afternoon		meriendo snack
I	have breakfast		desayuno
I	have dinner		ceno
I	have lunch		almuerzo
	head	la	cabeza
	heat	el	calor
	Hello		hola
I	help		ayudo
	here		aquí
	history	la	historia
	hockey	el	hockey
	homework	las	tareas
	horrible		horrible
	horse	el	caballo
I'm	hot		tengo calor
	hot chocolate	el	chocolate caliente
	hot dog	el	perro caliente
	house	la	casa
	How much/many?		¿Cuánto/a/os/as?
I'm	hungry		tengo hambre
My ...	hurts		Me duele(n) ..., Tengo dolor de ...

I

	ice cream	el	helado
	ill		enfermo/a
	in front of		delante de
	in, on		en
	intelligent		inteligente
	interesting		interesante
	IT	la	informática
	It's cold.		Hace frío.
	It's cool.		Hace fresco.
	It's hot.		Hace calor.
	It's raining.		Llueve./Ésta lloviendo.
	It's snowing.		Nieva./Está nevando.
	It's sunny.		Hace sol.
	It's windy.		Hace viento.

J

jacket	la	chaqueta	
jeans	los	bluejeans	
juice	el	jugo	

K

kind		amable	
kitchen	la	cocina	
knee	la	rodilla	

L

	lazy		flojo/a, perezoso/a
I	leave home		salgo de casa
	leg	la	pierna
	lettuce	la	lechuga
	library	la	biblioteca
	light	la	luz
I	like		me gusta(n)
	lips	los	labios
I	listen (to)		escucho
	little/not much		poco
I	live		vivo
	living room	la	sala
	long		largo/a
I	love		me encanta

M

I	make dinner		preparo la cena
I	make the bed		hago la cama
	marker pen/felt-tip	el	rotulador
	maths	las	matemáticas
	meat	la	carne
	medium height		de estatura media
	milk	la	leche
	milkshake	el	batido
	mobile phone	el	celular
	morning	la	mañana
	mother	la	madre (mamá)
	mountains	las	montañas
	mouse	el	ráton
	mouth	la	boca
	multipurpose court	la	pista polideportiva

N

	name	el	nombre
	nationality	la	nacionalidad
	neck	el	cuello
I	need		necesito
	neighbourhood	el	barrio
	never		nunca
	next to		al lado de
	nice		simpático/a
	no		no
	nose	la	nariz
	nothing		nada
	nuts	las	nueces

O

	often		a menudo
	oil	el	aceite
	OK		Bueno, De acuerdo, Está bien, Vale
	OK/not too bad		más o menos
	on (top of)		sobre
	on foot		a pie
	onion	la	cebolla
	only child	el/la	hijo único/hija única
	opposite		enfrente de
	orange (colour)		anaranjado/a
	orange (fruit)	la	naranja

P

	packet of …	el	paquete de …
	pasta	la	pasta
	PE	la	educación física
	pen	el	bolígrafo
	pencil	el	lápiz
	pencil case	el	estuche
	pet	la	mascota
	photograph	la	fotografía
	pink		rosado/a
I	play		jugar (sport)
			tocar (instrument)
	playground	el	patio
	please		por favor
	police officer	el/la	policía
	polo shirt	el	polo
	potato	la	papa
I	prefer		prefiero
	purple		morado/a

R

	rainy season	la	estación de lluvias
I	read		leo
	ready		listo/a
	red		rojo/a
	red-haired		pelirrojo/a
	religion	la	religión
	retired		jubilado/a
	rice	el	arroz
I	ride a bike		monto en bici
	ruler	la	regla

S

	sad		triste
	sailing	la	vela
	salad	la	ensalada
	salesperson	el/la	vendedor(a)
	salt	la	sal
	sandals	las	sandalias
	scared		asustado/a
	school	el	colegio
	science	las	ciencias
	selfish		egoísta
I	set the table		pongo la mesa
	sharpener	el	sacapuntas
	shirt	la	camisa
	shoes	los	zapatos
	shopping centre	el	centro comercial
	short (hair)		corto/a
	short (height)		bajo/a

	shorts	los	shorts
I	shower		me baño
	shy		tímido/a
	silly		tonto/a
	sister	la	hermana
I	skateboard		ando en patineta
	skirt	la	falda
I	sleep		duermo
I'm	sleepy		tengo sueño
	small		pequeño/a
	snow	la	nieve
	socks	los	calcetines
	soft drink	la	soda
	sometimes		a veces
I'm	sorry		Lo siento.
	Spanish		español(a)
	Spanish (language)	el	español
I	speak		hablo
I	spend time		paso tiempo
	sport	el	deporte
	sports centre	el	polideportivo
	sporty		deportista
	square	la	plaza
	staff room	la	sala de profesores
	stairs	las	escaleras
	stomach	el	estómago
	straight (hair)		liso/a
	street	la	calle
	student	el/la	estudiante
I	study		estudio
	study	el	cuarto de estudio
	subjects	las	asignaturas
	suburbs	las	afueras
	sugar	el	azúcar
	sunstroke	la	insolación
	supermarket	el	supermercado
I	surf the internet		navego por Internet
	sweater	el	suéter
	sweatshirt	la	sudadera
	sweets	los	dulces
	swimming	la	natación

T

	T-shirt	la	camiseta
	table	la	mesa
I	take out the rubbish/garbage		saco la basura
I	take photos		tomo fotos
	tall		alto/a
	tea	el	té
	teacher	el/la	maestro/a, profesor(a)
	team	el	equipo
	technology	la	tecnología
	teeth	los	dientes
	television	la	televisión
	tennis	el	tenis
	terrace/patio	la	terraza
	terrible		terrible
	thank you		gracias
	there are		hay
	There's a hurricane.		Hay un huracán.
	There's a storm.		Hay tormenta.

	It's foggy.		Hay niebla.
	they are		son
I'm	thirsty		tengo sed
	throat	la	garganta
I	tidy my room		arreglo mi habitación
	tie	la	corbata
	timetable	el	horario
	tired		cansado/a
	toes	los	dedos del pie
	tomato	el	tomate
	tomorrow		mañana
	tongue	la	lengua
	too much		demasiado/a
	town	el	pueblo
	trainers	los	tenis
	trousers	el	pantalón
	twins	los	gemelos

U

	uncle	el	tío
	under		debajo de
	uniform	el	uniforme
	United States		Estados Unidos
I	use		uso (usar)
	useful		útil

V

I	vacuum		paso la aspiradora
	vegetables	las	verduras
	vet		veterinario/a
	volleyball	el	voleibol

W

I	wake up		me despierto
I	want/love		quiero
I	wash my face		me lavo la cara
I	wash the car		lavar el carro
I	watch TV		veo la televisión
	water	el	agua
	watermelon	la	sandía
	wavy		ondulado/a
I	wear		llevo
	weekend	el	fin de semana
	welcome		bienvenido/a
	well, fine		bien
	What?		¿Qué?
	What?/Which?		¿Cuál?
	when		cuando
	When?		¿Cuándo?
	Where?		¿Dónde?
	white		blanco/a
	Who?		¿Quién?
	Whose?		¿De quién?
	window	la	ventana
	workbook	el	cuaderno
	worried		preocupado/a
I	write		escribo

Y

	yellow		amarillo/a
	yes		sí
	yoghurt	el	yogur

How to pronounce Spanish

Pronunciación

Most words in Spanish are pronounced as they are written. Listen and use the following chart to help you acquire the correct pronunciation for Spanish sounds.

Spanish letter	Pronunciation guide (UK English)	Example
a	like *a* in *apple*	*azul*
b	like *b* in *big*	*balón*
c + a/o/u/ consonant	like *c* in *car*	*casa, como, clase*
c + e/i	like *s* in *send*	*cero, cinco*
ch	like *ch* in *chocolate*	*chocolate*
d	like *d* in *do*	*dos*
e	like *e* in *pen*	*el*
f	like *f* in *fit*	*falda*
g + a/o/u/ consonant	like *g* in *goal*	*gato, gorra, gustar, grande*
g + e/i	like *ch* in *loch*	*gente, gimnasio*
h	silent	*hola*
i	a short sound between *i* in *sin* and *ee* in *seen*	*ir*
j	like *ch* in *loch*	*joven*
k	like *c* in *car*	*kilo*
l	like *l* in *let*	*leche*
ll	like *y* in *yes*	*llamar*
m	like *m* in *map*	*madre*
n	like *n* in *net*	*negro*
ñ	like *ny* in *canyon*	*mañana*
o	like *o* in *hot*	*ojo*
p	like *p* in *pen*	*perro*
qu	like *c* in *car*	*queso*
r	rolled	*río*
s + vowel/ p/t/c	like *s* in *sit*	*sopa, español*
s + other letters	like *s* in *rose*	*mismo*
t	like *t* in *ten*	*tres*
u	like *oo* in *pool*, but shorter	*una*
v	like *b* in *big*	*verde*
w	like *w* in *wet*	*web*
x	like *x* in *taxi*	*taxi*
y	like *y* in *yet**	*yo*
z	like *s* in *send*	*zapatos*

*But note the exceptions *y* and *hay* (pronounced as Spanish *i*).

El alfabeto

a	a	j	jota	r	erre		
b	be	k	ka	s	ese		
c	ce	l	ele	t	te		
d	de	m	eme	u	u		
e	e	n	ene	v	be		
f	efe	ñ	eñe	w	doble be		
g	ge	o	o	x	equis		
h	hache	p	pe	y	i griega		
i	i	q	cu	z	zeta		

Stress

Words ending in a vowel (a, e, i, o, u), n or s
The stress is on the **penultimate syllable** (second from last): *casa, diferente, viven, hablamos*.

Words ending in consonant other than n or s
The stress is on the **last syllable**: *ciudad, correr, arroz*.

Accents tell you where the stress falls in words that don't follow the rules above.

* Ends in a vowel/n/s + stress on last syllable, e.g *hablarás, iré, salón*.

* Ends in a consonant other than n/s + stress on penultimate syllable, e.g. *fácil, sándwich, azúcar*.

* Stress on the third from last syllable, e.g. *matemáticas, física, bolígrafo*.

Acknowledgements

The publishers wish to thank the following for permission to reproduce photographs. Every effort has been made to trace copyright holders and to obtain their permission for the use of copyright materials. The publishers will gladly receive any information enabling them to rectify any error or omission at the first opportunity. (t = top, c = centre, b = bottom, l = left, r = right)

p.6t MANDY GODBEHEAR/Shutterstock; p.7ba VectorShop/Shutterstock; p.7bb Namig Rustamov/Shutterstock; p.8b Monkey Business Images/Shutterstock; p.9 LanaG/Shutterstock; p.11 Daniel M Ernst/Shutterstock; p.12tl Edu Perez/Shutterstock; p.12tc Michaeljung/Shutterstock; p.12tr KONGPHOTOGRAPHER/Shutterstock; p.12cl Mihai Blanaru/Shutterstock; p.12cc Angelo Giampiccolo/Shutterstock; p.16tl Africa Studio/Shutterstock; p.16tr Monkey Business Images/Shutterstock; p.16c Lopolo/Shutterstock; p.16b Tracy Whiteside/Shutterstock; p.17tl Andy Dean Photography/Shutterstock; p.17tc Tom Wang/Shutterstock; p.17tr Gelpi/Shutterstock; p.17bl Lopolo/Shutterstock; p.17bc Pixelheadphoto digitalskillet/Shutterstock; p.17br Pixelheadphoto digitalskillet/Shutterstock; p.20 Monkey Business Images/Shutterstock; p.21 Dean Drobot/Shutterstock; p.22ta Ehrman Photographic/Shutterstock; p.22tb Matt Jeppson/Shutterstock; p.22tc Volodymyr Burdiak/Shutterstock; p.22td Nafhan/Shutterstock; p.22te PHOTOCREO Michal Bednarek/Shutterstock; p.22tf PLANET EARTH/Shutterstock; p.22ba Robert Petrovic/Shutterstock; p.22bb Revolucian/Shutterstock; p.22bc Tatyana Vyc/Shutterstock; p.22bd TamasV/Shutterstock; p.22be Roberto La Rosa/Shutterstock; p.24a Pixelheadphoto digitalskillet/Shutterstock; p.24b Brocreative/Shutterstock; p.24c Kristina Kokhanova/Shutterstock; p.24d Dean Drobot/Shutterstock; p.25tr WindAwake/Shutterstock; p.25cl Nadia Snopek/Shutterstock; p.25cr Viktoria Kurpas/Shutterstock; p.25b Mego studio/Shutterstock; p.26t Irisphoto1/Shutterstock; p.26b Catwalker/Shutterstock; p.27 Svic/Shutterstock; p.28l Erickson Stock/Shutterstock; p.28r Wavebreakmedia/Shutterstock; p.29 Monkey Business Images/Shutterstock; p.30l Cheapbooks/Shutterstock; p.30cl AJR_photo/Shutterstock; p.30cr Diego Cervo/Shutterstock; p.30r Fotos593/Shutterstock; p.36t Jan H Andersen/Shutterstock; p.37 Pinar Ince/Shutterstock; p.38a Inna Reznik/Shutterstock; p.38b BIGANDT.COM/Shutterstock; p.38c Iva Vagnerova/Shutterstock; p.38d Rudmer Zwerver/Shutterstock; p.38e BunionBear/Shutterstock; p.38f Apiguide/Shutterstock; p.38g Greg and Jan Ritchie/Shutterstock; p.38h AllaSaa/Shutterstock; p.38i Dien/Shutterstock; p.38j FlavoredPixels/Shutterstock; p.38k Awei/Shutterstock; p.38l Worraket/Shutterstock; p.38m Shane Myers Photography/Shutterstock; p.41a Thanongsak kongtong/Shutterstock; p.41b Liz Miller/Shutterstock; p.41c Ryan M. Bolton/Shutterstock; p.41d Ulysses_ua/Shutterstock; p.41e BIGANDT.COM/Shutterstock; p.43l Samuel Borges Photography/Shutterstock; p.43cl Dmytro Zinkevych/Shutterstock; p.43cr Ros Fraser/Shutterstock; p.43r Nanette Grebe/Shutterstock; p.44 Rido/Shutterstock; p.46 Teresa Kasprzycka/Shutterstock; p.47l Mio Buono/Shutterstock; p.47r Doremi/Shutterstock; p.47b Kotoffei/Shutterstock; p.48tl Alena Ozerova/Shutterstock; p.48tc Icsnaps/Shutterstock; p.48tr Ljupco Smokovski/Shutterstock; p.48bl XiXinXing/Shutterstock; p.48br Anton Gvozdikov/Shutterstock; p.49tl El Nariz/Shutterstock; p.49tc Dragon_Fly/Shutterstock; p.49tr Lightwavemedia/Shutterstock; p.49cl Sea Wave/Shutterstock; p.49cc Look Studio/Shutterstock; p.49cr Antoniodiaz/Shutterstock; p.50.1 Matsabe/Shutterstock; p.50.2 Meitiek/Shutterstock; p.50.3 Tupungato/Shutterstock; p.50.4 Elenabsl/Shutterstock; p.50.5 Oxy_gen/Shutterstock; p.50.6 Vectortatu/Shutterstock; p.50.7 Ridkous Mykhailo/Shutterstock; p.50.8 CastecoDesign/Shutterstock; p.50.9 Lana_Samcorp/Shutterstock; p.50a Rawpixel.com/Shutterstock; p.50b MJTH/Shutterstock; p.50c Cheapbooks/Shutterstock; p.50d Andy Dean Photography/Shutterstock; p.51cl Gail Johnson/Shutterstock; p.51cr Jeanette Dietl/Shutterstock; p.51bl Galina Savina/Shutterstock; p.51br Chrispictures/Shutterstock; p.53t Daniel M Ernst/Shutterstock; p.53c Daniel M Ernst/Shutterstock; p.54 Rob Marmion/Shutterstock; p.55t Gary C. Tognoni/Shutterstock; p.55c Tiago Fernandez/Alamy Stock Photo; p.57 Mascha Tace/Shutterstock; p.58 Andrew Rybalko/Shutterstock; p.62b Lapina/Shutterstock; p.64tl Globe Turner/Shutterstock; p.64tcr Kriangx1234/Shutterstock; p.64b antoniodiaz/Shutterstock; p.67a Satit Sewtiw/Shutterstock; p.67b Mega Pixel/Shutterstock; p.67c Vitaly Zorkin/Shutterstock; p.67d Pixel Embargo/Shutterstock; p.67e Dragance137/Shutterstock; p.67f Joingate/Shutterstock; p.69tl Elenovsky/Shutterstock; p.69tc Valkoinen/Shutterstock; p.69tr lasha/Shutterstock; p.69bl Artem Avestisyan/Shutterstock; p.69bc Artem Avestisyan/Shutterstock; p.69br Joingate/Shutterstock; p.70ct Cheapbooks/Shutterstock; p.70cb AJR_photo/Shutterstock; p.70b Monkey Business Images/Shutterstock; p.72tl ArtBitz/Shutterstock; p.72tcl Dmitry Melnikov/Shutterstock; p.72tcr Donatas1205/Shutterstock; p.72tr Bamidor/Shutterstock; p.72cl Montego/Shutterstock; p.72cc MicroOne/Shutterstock; p.72cr Africa Studio/Shutterstock; p.72bl Otlan/Shutterstock; p.72bc YolLusZam1802/Shutterstock; p.72br Denys Kurbatov/Shutterstock; p.74t MSSA/Shutterstock; p.74bc 123design/Shutterstock; p.76tl Michaeljung/Shutterstock; p.76bl Africa Studio/Shutterstock; p.76br Hurst Photo/Shutterstock; p.77 Matyas Rehak/Shutterstock; p.79tl Kenkuza/Shutterstock; p.79tc Marina_eno1/Shutterstock; p.79tr Radovan Vujovic/Shutterstock; p.79bl Andrew Angelov/Shutterstock; p.79bc Miyuki Satake/Shutterstock; p.79br Sergey Novikov/Shutterstock; p.80 Daisy Daisy/Shutterstock; p.82tl Rawpixel.com/Shutterstock; p.82tc Brocreative/Shutterstock; p.82tr Wavebreakmedia/Shutterstock; p.82cl Elnur/Shutterstock; p.82cc Iravgustin/Shutterstock; p.82cr Ververidis Vasilis/Shutterstock; p.82bl Macrovector/Shutterstock; p.82br Monkey Business Images/Shutterstock; p.85 Monkey Business Images/Shutterstock; p.86t Monkey Business Images/Shutterstock; p.86b AngeloDeVal/Shutterstock; p.87 imageBROKER/Alamy Stock Photo; p.96 Alysta/Shutterstock; p.100tl Kamira/Shutterstock; p.100tc Monkey Business Images/Shutterstock; p.100tr F. JIMENEZ MECA/Shutterstock; p.100cl Pikselstock/Shutterstock; p.100cc Khosro/Shutterstock; p.100cr Ranta Images/Shutterstock; p.100bl Tommaso79/Shutterstock; p.100br Darryl Brooks/Shutterstock; p.103 Damir Khabirov/Shutterstock; p.106b BlueRingMedia/Shutterstock; p.107b MichaelJayBerlin/Shutterstock; p.111t Monkey Business Images/Shutterstock; p.111bl Imagedb.com/Shutterstock; p.111bcl Sergey Novikov/Shutterstock; p.111bc Diego Cervo/Shutterstock; p.111bcr Nd3000/Shutterstock; p.111br Mooinblack/Shutterstock; p.112c Lisa Kolbasa/Shutterstock; p.113l Zsolt_uveges/Shutterstock; p.113r Sergey Novikov/Shutterstock; p.114 Val Thoermer/Shutterstock; p.115 Chrispictures/Shutterstock; p.116t Lunja/Shutterstock; p.116b Sabelskaya/Shutterstock; p.117 Jacob Lund/Shutterstock; p.118 Derter/Shutterstock; p.122b ColinCramm/Shutterstock; p.124c Sergey Novikov/Shutterstock; p.124b Sunnyws/Shutterstock; p.125b Rawpixel.com/Shutterstock; p.128a Beth Swanson/Shutterstock; p.128b Daxiao Productions/Shutterstock; p.128c Zandyz/Shutterstock; p.128d 21MARCH/Shutterstock; p.128e New Africa/Shutterstock; p.128f FabrikaSimf/Shutterstock; p.128g Asife/Shutterstock; p.128h Monkey Business Images/Shutterstock; p.128i Ranta Images/Shutterstock; p.128j Wavebreakmedia/Shutterstock; p.130a Dmytro Zinkevych/Shutterstock; p.130b Jordi Prat Puig/Shutterstock; p.130c Pikul Noorod/Shutterstock; p.130d Glenda/Shutterstock; p.130e Iakov Filimonov/Shutterstock; p.130f Stock-Asso/Shutterstock; p.130g Kittipong053/Shutterstock; p.130h Leah-Anne Thompson/Shutterstock; p.130i Rob Byron/Shutterstock; p.130j Seasontime/Shutterstock; p.130k Monkey Business Images/Shutterstock; p.131 Tynyuk/Shutterstock; p.132a Ljupco Smokovski/Shutterstock; p.132b Syda Productions/Shutterstock; p.132c Concept Photo/Shutterstock; p.132d Motortion Films/Shutterstock; p.132e TijanaM/Shutterstock; p.132f Monkey Business Images/Shutterstock; p.132g Dalaifood/Shutterstock; p.132h Wavebreakmedia/Shutterstock; p.132i Oneinchpunch/Shutterstock; p.134a ARanjbar/Shutterstock; p.134b Baibaz/Shutterstock; p.134c Eugenia Lucasenco/Shutterstock; p.134d Nitr/Shutterstock; p.135tl Monitcello/Shutterstock; p.135tcl Nitr/Shutterstock; p.135tc Roman Samokhin/Shutterstock; p.135tcr Bergamont/Shutterstock; p.135tr Anna Kucherova/Shutterstock; p.135cl Baibaz/Shutterstock; p.135ccl Iprachenko/Shutterstock; p.135c Elizaveta Galitckaia/Shutterstock; p.135ccr Ozgur Coskun/Shutterstock; p.135cr Nehophoto/Shutterstock; p.135b Shestakoff/Shutterstock; p.136a George Dolgikh/Shutterstock; p.136b Amarita/Shutterstock; p.136c Timolina/Shutterstock; p.136d MaraZe/Shutterstock; p.136e Koss13/Shutterstock; p.136f Ekaterina Bratova/Shutterstock; p.136g Aprilphoto/Shutterstock; p.136h Nitr/Shutterstock; p.136i Oksana Mizina/Shutterstock; p.136j beats1/Shutterstock; p.137 Nikulina Tatiana/Shutterstock; p.138t Oleksandra Naumenko/Shutterstock; p.139 Mr. JK/Shutterstock; p.140tl Tim UR/Shutterstock; p.140tc Stable/Shutterstock; p.140tr Ninikas/Shutterstock; p.140cl All-stock-photos/Shutterstock; p.140c Monkey Business Images/Shutterstock; p.140cr Maks Narodenko/Shutterstock; p.141 Lyudvig Aristarhovich/Shutterstock; p.143 Multiverse/Shutterstock; p.145 YAKOBCHUK VIACHESLAV/Shutterstock; p.146 Nehophoto/Shutterstock; p.147t Jess Kraft/Shutterstock; p.147c Carlos.araujo/Shutterstock; p.147b Posztos/Shutterstock; p.149 Monkey Business Images/Shutterstock; p.150 Djomas/Shutterstock; p.154a Dean Drobot/Shutterstock; p.154b Monkey Business Images/Shutterstock; p.154c Martin Allinger/Shutterstock; p.154d Africa Studio/Shutterstock; p.154e Oliveromg/Shutterstock; p.154f Africa Studio/Shutterstock; p.154g Rido/Shutterstock; p.154h Rawpixel.com/Shutterstock; p.154i Arieliona/Shutterstock; p.154j Iko/Shutterstock; p.156 Federico Marsicano/Shutterstock; p.158a My Life Graphic/Shutterstock; p.158b Bohbeh/Shutterstock; p.158c Dean Drobot/Shutterstock; p.158d David Prado Perucha/Shutterstock; p.158e BiDaala_studio/Shutterstock; p.158f Nejron Photo/Shutterstock; p.159 Sirtravelalot/Shutterstock; p.161t Monkey Business Images/Shutterstock; p.161b Galina Barskaya/Shutterstock; p.163 Monkey Business Images/Shutterstock; p.164 Maridav/Shutterstock; p.166tl Modd/Shutterstock; p.166tcl YanLev/Shutterstock; p.166tcr Jacob Lund/Shutterstock; p.166tr Gines Romero/Shutterstock; p.166cl Vchal/Shutterstock; p.166ccl Elena Eryomenko/Shutterstock; p.166ccr DGLimages/Shutterstock; p.166cr Dean Drobot/Shutterstock; p.167b Michael Zysman/Shutterstock; p.169tl Nehophoto/Shutterstock; p.169tcl NoirChocolate/Shutterstock; p.169tcr George Dolgikh/Shutterstock; p.169tr Africa Studio/Shutterstock; p.169cl MaraZe/Shutterstock; p.169ccl Larisa Blinova/Shutterstock; p.169ccr ARENA Creative/Shutterstock; p.169cr Ferryfb/Shutterstock; p.169b StockImageFactory.com/Shutterstock; p.170t Ulrike Stein/Shutterstock; p.170b Matyas Rehak/Shutterstock; p.171 Lucy Brown - loca4motion/Shutterstock; p.173tl Jinga/Shutterstock; p.173tcl Tyler Olson/Shutterstock; p.173tcr Mangostar/Shutterstock; p.173tr Peter Weber/Shutterstock; p.173bl Monkey Business Images/Shutterstock; p.173bcl Africa Studio/Shutterstock; p.173bcr Jacek Chabraszewski/Shutterstock; p.173br Dean Drobot/Shutterstock; p.174 Sethislav/Shutterstock; p.178b Monkey Business Images/Shutterstock; p.179t Samuel Borges Photography/Shutterstock; p.181t ImagesofIndia/Shutterstock.